老子禅解

谢国仲◎著

人民东方出版传媒
東方出版社

目　录

序一

太上老子是道家的始祖，是我国古代伟大的自然主义哲学家，在中国及世界哲学史上具有深远的影响。太上老子用哲学式的多元本体论创造出以“道”为万物本原的本体论哲学体系，他的不朽著作《道德经》，被誉为“万经之王”，受到中西方思想家的重视，成为世界哲学宝典之一。

太上老子《道德经》，问世于春秋时代，在同时代背景下东西方出现了亦有相同思想高度的思想家，如：释迦牟尼、苏格拉底等，且这些思想至今难以超越。《道德经》至今已经有两千多年的历史，期间历代高道名士对《道德经》进行注解，其中不乏思想家、政治家，甚至开悟的高僧大德。从不同的角度和境界去解老子，都可以成为一种说法，但若将八十一章作为整体来理解的话，我们能看到的版本，几乎都难以深入将其注解贯彻于经文每一章、每一个字。那么《道德经》的真义究竟是什么？老子留下这五千言究竟要表达什么？

本书作者别开生面，他抓住了佛、道思想智见一致的基本，以释迦牟尼的见地，阐述老子的《道德经》，且采用“老子说”与“如来说”这种一一对照形式，开篇就看到了与其他解《道德经》的不同。如书中“道”对应“究竟涅槃”；“可道，非常道”对应“诸行无常”；“名，可名，非常名”对应“诸法无我”，等等。展现了道见与佛见的诸多的一致性。人们往往以人见来解读《道德经》，因此无法得知老子道见的真义。书中阐明，老子与如来，佛道两家，都有一个终极的追究。“苦集灭道”四圣谛就足以证明，释迦牟尼心中的佛，就是得道者。

全书文字朴实，娓娓道来，不知不觉如同时空穿越，近观老子与如来对话之境，美不可言。在这里无法做全面概括，仅能做管中窥豹。

有如此智见的好书难能可贵，对道教来说也是一件大喜事，应作者之邀，仅以此读书心得为序。

中国道教协会　张继禹

序二

谢国仲君，法名嗣仲，祖籍海南，1963年1月生于广西百色那坡县。自幼喜爱历史和中华传统文化，对于道家文化兴趣尤浓。十几岁时有幸与民间道家隐士结缘，尝试学习各种道术。自1983年从广西师范学院毕业后，先后就职于海南华南热带植物学院、柳州职业技术学院。教学之余潜心研读老庄之学，虽有心得，却未得要领。遂毅然辞职，开始寻访世间通达之士。

1990年，国仲专程来到北京，在中国气功科学研究会前秘书长李之楠（又名李谨伯）的推荐下，拜中原老寿星唐崇亮道长之高徒周金富（法名高仙）道长为师，成为全真龙门派第二十八代玄嗣。在周道长的点化下，开始修习道教中和派的性命双修丹法。通过多年来坚持不懈的努力，对道教的义理、医学和内丹学都已有颇多研究。

近年来，谢君常驻上海，并常常应邀到全国各地授课讲学，致力于传播道教的性命修养之学。上海书店出版社将他在讲授《黄帝阴符经》时的授课内容整理成《黄帝的人生观》一书，并于2014年8月正式出版。该书第一次独辟蹊径地把《黄帝内经》的篇章拆解开来，将其与《黄帝阴符经》相关联的文字并而列之，以作合参之用。此种用《黄帝内经》印证《黄帝阴符经》思想的注经形式，在《黄帝阴符经》研究中颇具新意。道家以黄老之学为宗旨。既然已经谈过了黄帝的人生观，那么接下来再阐发自己对老子思想的理解就成为顺理成章的事情了。

历史上从不同视角注解《道德经》的书籍早已蔚为大观了，再想出新可谓难上加难。国仲延续了自己两经合参的传统，选择了以老子思想和释迦牟尼思想汇通的方法来进行《道德经》的诠释，正可谓慧眼独具。在历史上，道教与佛教在义理上本就存在着相互渗透的情况，可谓你中有我，我中有你。唐代以成玄英、王玄览和司马承祯为代表的道教“重玄”学，就采用佛教的思辨方法和词旨发挥老庄哲学，可称老庄哲学在佛学影响下的道、佛融合的产物。宋金元时期，全真道等新道派纷纷出现，其教义的共同特点是注重明心见性、性命双修，倡导儒、道、佛三教合一。比如，中和派丹法创始人宋末元初的李道纯祖师在《中和集》中就曾说过：“为仙为佛与为儒，三教单传一个虚。亘古亘今超越者，悉由虚里做工夫。”国仲注老特色在于合道佛而参之，正是继承了全真道三教合一的传统。

明代的憨山大师，曾站在佛教的立场上来理解老子思想，著有《老子道德经憨山注》。他认为，欲读懂老庄，须熟悉佛教经典，特别要懂得破执的理论。憨山将《道德经》第一章的宗旨归结为“总言道之体用，及入道工夫也”，强调了“静工纯属，方见此中之妙耳”。国仲为道门弟子，则尝试以道教的立场来说明道教与佛教的殊途同归。比如，在解释《道德经》第一章中各个概念的时候，他将“道”“非常道”“非常名”分别比附为佛教的三法印——“究竟涅槃”“诸行无常”“诸法无我”；将“无名”“有名”“无欲”“有欲”分别归结为“无色界”“色界”“无色界与色界之间”“欲界”的不同范围；将“玄”理解为“阴阳”相待之“空性”。憨山认为：“老氏之学，尽在于此。其五千余言，所敷演者，唯演此一章而已。”国仲也认为：“老子思想与如来智慧的契合，首先集中体现在第一章。”既然《道德经》第一章为全书的总纲，那么从对该章不同角度的阐发，就可以大略看出国仲注与憨山注的不同旨趣。

我很欣赏憨山大师所言：“注乃人人之老庄，非老庄之老庄也。”无论是憨山注还是谢国仲君的解释，都很难说谁更符合《道德经》

的原旨;《老子禅解》中的很多观点也未必与我的理解一一相契。但国仲敢于从自己的修道体验出发以禅解老，其“六经注我”的勇气是值得钦佩的！作为其师兄，乐为之序。

中国道教协会（研究室）　王彤江

第一章

老子说	如来说
道，	究竟涅槃
可道，非常道。	诸行无常
名，可名，非常名。	诸法无我
无名，天地之始；	无色界
有名，万物之母。	色界
故，常无欲，以观其妙；	欲界
常有欲，以观其徼。	
此两者，同出而异名。	
同谓之玄，	
玄之又玄，	
众妙之门。	

老子《道德经》，自春秋时代问世以来，已经有两千多年的历史，在这期间，历代高人对《道德经》进行注解，其中不乏名士、大家，甚至已经开悟的高僧大德们。

当然，从各种不同的角度和境界去解老子，都可以成为一种说法，但若将八十一章作为整体来理解的话，我们能看到的版本，几乎都无法将其所采用的注解视角贯彻于经文每一章、每一个字。那么《道德经》的真义究竟是什么？老子留下这五千言究竟要表达什么？鉴于世间众多高人的智慧都无法对《道德经》自圆其说，于是我们请助于现在能知道的，世间、出世间法中第一等的圣人，具有无上圆满智慧的释迦牟尼佛，以佛陀的智慧和见地，来鉴照老子的思想。而当我们用佛陀的思想体系来与老子参比的时候，才惊觉老子即如来。这就是“老子与如来”这样一个题目。老子思想与如来智慧的契合，首先集中体现在第一章。第一章是《道德经》全经的总纲，老子思想的核心。

道，

这第一个字，无解，暂且放在这里。

可道，非常道。

“可道”，指的是所有万事万物运动的轨迹。这就是佛陀所说十二因缘之“无明缘行”的“行”。佛对“行”是怎么理解的呢？他下了一个结论，叫作“诸行无常”——用老子的语言来表达，就是“非常道”。“常”，指的是永恒不变；“非常”，就是无法永恒，是无常。

名，可名，非常名。

“名”，心中的想法，心中的概念。“可名”，用概念对世间万象进行指陈，这些可指陈的、可言说的世间万法，就是“可名”。“名”与“可名”，都是“非常名”——都没有一个常存的体性，没有自身的、本来的东西，这就是佛陀所说的“诸法无我”。

回过头来，看第一个字，“道”。当把“可道”（世间诸行）与“名，可名”（世间一切名相）这些无常都推翻之后，剩下的是什么？是“常”，叫作“究竟涅槃，常乐我净”。这就是释迦牟尼佛在菩提树下打坐，瞬间开悟所得的结论，就是这三法印：究竟涅槃；诸行无常；诸法无我。世间、出世间所有的法，只要符合这三法印的，就是佛法；不符合这三法印的，都不是佛法。而这三法印，以老子春秋时代的语言来表达，就叫作“道，可道，非常道；名，可名，非常名”：

究竟涅槃——道

诸行无常——可道，非常道

诸法无我——名，可名，非常名

那么“道”到底是不是佛所说的究竟涅槃的代称呢？我们可以从《道德经》的其他章节找到印证。比如老子在第二十五章描述，“道”是什么样呢？“独立而不改，周行而不殆”，就是说从来都没变过，好像转了一圈其实根本没有开始。这是什么境界？——不生不灭，不增不减，叫作“如来”“善逝”，这是佛的名号。所以道是什么境界？就是如来境界，涅槃境界。

无名，天地之始；

“无名”，心中没有任何言语、概念。这是什么状态？根本没有妄念，不动妄心。“天地之始”，天地都还没产生。

有名，万物之母。

心中一旦有了语言，识动心起，就生出天地万物。所以释迦牟尼说世间名色从哪来？“识缘名色”，由识生出来的。

前面“无名”“有名”描述了妄心生与不生的状态，下文“无欲”“有欲”进一步进入世俗谛的层面。这是从胜义谛到世俗谛一层层来剥解的。那么一旦从道的胜义谛落下来，“无名”“有名”，包括下文中“无欲”“有欲”的这些境界就都出来了，就落入三界。按佛陀的世界观来讲，这个世间分成三界，从上往下依次是：无色界、色界、欲界。“无名”，属于无色界的范围。“有名”，属于色界。“无欲”，介于两界之间，已经跳出了欲界并且有可能进入色界或无色界，这就取决于你心灵的空灵程度了。“有欲”，落在欲界。所以老子这个有和无的体系，已经很清楚地描述了这个世间，叫作“老子一气化三清”，与佛陀思想是一致的。

故，常无欲，以观其妙；常有欲，以观其徼。

在无和有的相生过程中，当还是无的时候，是超越有的境界的，那是另一种境界的变化。比方我们种颗种子到地里面，它有形的物质还没长出来的时候，无形的东西已经先长出来了，若是开了天眼的人这时已经能知道它将来长出来是什么样子，这就是“无欲，以观其妙”。等有形的叶子要长出来了，发芽的那一下子，无中生有的时候，就是“徼”，它是无和有的边界，称作“太极”，是阴阳的交界点，所以有时也把“徼”称作“窍”，介于有无之间。当从无生出有的时候，那就是一刹那，会有一个窍，有个边界，那么看你能不能找到。所以这是有欲的时候，要找到关窍、抓住核心，才能解决问题，叫作“有欲，以观其徼”。当然，以上只是举一个具体的例子来解释。实际上“常无欲，以观其妙；常有欲，以观其徼”，这是从宏观的、抽象的，一种哲学式的角度来描述的一种思维方式，这个方式放到哪里都一样，放之四海皆准，并不局限于具体的事物。

比如放到世俗谛来看，我们做任何事情，解决任何问题，肯定从无到有，无的时候是没有分别的，什么都一样，而有的时候，在处理解决的时候，找到它的关窍，你才能解决。这是相对于世俗谛、对于欲界来讲。所以有和无这个公式的运用是有层次的，每一层都有无和有，看你相对于什么来讲：形的境界有它的无和有，气的境界有它的无和有，神的境界也有它的无和有。而且境界与境界之间也是相对的，某一境界相对于它之上的是有，而相对于它之下的是无。当你跳出所在的那一层，那必须要无；落在了某一层，那肯定是有。所以我们在理解这句话的时候不能落实，一落实就不能领会这个抽象的思维方式，就不是老子的思想，就把老子的见地局限了，那就不可能“玄之又玄”，最多一个“玄”，就说完了。

再说这个“无欲”和“有欲”。无欲的时候是无为，这时出来的东西是无为而治的，是一种天机的妙触；有欲的时候，才能观其徼，就是界定边界、把握火候。所以修行的时候是不断地有层次地变化，从一个境界到一个境界这样一阶一阶地变化。比方在形修时的境界，与在气修、神修时的境界是不同的，是有边界的，你不用有欲的话，就界定不了修行的火候，就看不见它的窍，所以“常有欲，以观其徼”。从一个境界到一个境界这样一阶一阶地变化，就叫作“玄之又玄”。所以第一章前面三法印的部分是直指人心、明心见性，也就是法身成就，后面是讲见性起修，修炼报、化二身。这就是老子法、报、化三身成就的境界和见地。所以整本书绝对是讲修行的，所有的次第非常清楚，释迦牟尼三转法轮的小乘、大乘、密乘，全部涵盖其中，对此，我们后面会详细讲到。

此两者，同出而异名。

“两者”，并不单指“无欲”“有欲”，而是泛指一切从一产生二的状态，是一种相对的状态，有流行、对待、化生的作用。这种“两者”“同出”——都从一的绝对状态生出来，从道、涅槃的境界生出来的，这种绝对状态超越了对待，没有流行，没有化生；“异名”，但是一旦化生出来之后，名字就各不一样。

同谓之玄，玄之又玄，众妙之门。

“玄”，表示一生二的过程，或者说从道生出一切的这种变化，是看不到的，太深邃了。涅槃，或者叫真如、自性、道，能看得到吗？有相吗？没有。这叫作“玄”，看不见的，是一种空性，怎么可能有一个东西看得到呢？而且“玄之又玄”，无形无相而有万千妙用，从“无名”到“有名”，从“名”又到“欲”，这个化生那个，那个化生另一个，是“一生二，二生三，三生万物”，不停地生化。“众妙之门”，一切东西都从这里生出来，天地都从这里生出来。从哪里生出来？从自性生出来。自性是什么？道。

道，无法用语言描述，也不要去揣测、思辨它，一思辨或者一用语言就已经不是了。《金刚经》里佛把自己传法所说全部否定，“若有人言：‘如来有所说法’，即为谤佛，不解我所说故”，意思就是我什么都没说啊。这就是因为没办法表述，不得已一定要描述给世人听，那就只有用否定的方式，因为这个“道”或者说“自性”根本没办法言说。老子强作五千言，目的也是为了描述道，“德”，讲的是道的功能，道篇和德篇合起来，就是《道德经》。这才是老子的见地，怎么可能落在世俗社会的谋略论上呢？所以我们讲《阴符经》的时候为什么说《道德经》是了义的经，原因就在这里。

所以当我们把这两位圣人的思想放在一起一看，发现就是一模一样，同出一辙，都是证悟的智者，“一切圣贤因无为法而有差异”，都是在无为的境界里证道，在究竟的见地中看到世界的本相。所以老子全经都在讲无为，这不是偶然。那么佛陀的方式是说八万四千法，对治众生八万四千种烦恼；老子的方式是为众生的八万四千种烦恼开出一个药方，每个众生在各自的境界都能获得相应的疗效。

第二章

老子说

天下皆知美之为美，斯恶已；
皆知善之为善，斯不善已，
有无相生，难易相成，
长短相形，高下相倾，
音声相和，前后相随，
是以圣人处无为之事，
行不言之教；
万物作而弗始。
生而弗有，为而弗恃，功成而弗居。
夫唯弗居，是以不去。

如来说

诸行无常
诸法无我
究竟涅槃

老子《道德经》的核心就是第一章。第一章讲完之后，后面的章节都是对第一章的展开和注解，它的衔接是很紧密的。经题“道德经”三字，是全书核心之核心，每一章都是围绕“道”“德”在讲，道的展现，就是德。道，是隐，德，是显；道，看不见，德，看得见。与道相合谓之德，所以“道德”，没有道何来德？有了德，才有理，有了理，才有法，有了法，才有术。那么第一章当讲到“可道”“可名”的时候已经进入“德”的范畴，道已经展现，已经起用了，这时就有具体的相了。所以“可道”的时候是动，“可名”的时候是相。那么释迦牟尼说，无明缘行，先有行，是动态的；行缘识，识就有“名”了，心里就有语言了。识缘名色，那么就进入“可名”，有名色了，有色相，这就出现世间万物，所以“无名，天地之始；有名，万物之母”，万物就生出来，即释迦牟尼所说“心生种种法生，心灭种种法灭”。

由此可见，二位圣人的见地、境界是一致的。释迦牟尼是以逻辑的方式来解释道，非常具体，层层推进，比如十二因缘：无明缘行，行缘识，识缘名色，名色缘六入，六入缘触，触缘受，受缘爱，爱缘取，取缘有，有缘老死。死了之后又无明，又开始轮回。这样严密地一个推导出一个，相对来说，现代社会的人比较容易接受和理解。而老子的语言，现代人则不容易理解，所以以释迦牟尼境界来解老子，诠释之后发现，二者是完全一致的。

正是由于第一章如此的重要，所以当我们学习后面各章时，都将以第一章的旨要，对后文进行注解。第一章揭示出“道”，以佛法来讲，即胜义谛的境界；第二章则开始描述世俗谛的境界。

天下皆知美之为美，斯恶已；
皆知善之为善，斯不善已，
有无相生，难易相成，
长短相形，高下相倾，
音声相和，前后相随，

第一段描述了一种对待的状态。这种对待状态可以在多个领域得到展现：美丑、善恶是心理或精神上的；长短、高下是空间上的；前后是时间上的等等。

其中，时间上的对待，就是第一章所讲的，“诸行无常”的“行”（经文所说的“可道”）的层面。行，是一种动态。

空间上的对待，是第一章所讲的，“诸法无我”的“法”（经文所说的“名，可名”）的层面。法，就是可指陈的名相。那么，“可道”和“可名”的状态“非常道”，本身是不究竟的，进入了一种落两端的、存在偏颇的状态。

是以圣人处无为之事，
行不言之教；
万物作而弗始。

圣人不落偏颇，他处在道的状态，即第一章第一个“道”字的境界。从道的角度，“独立而不改，周行而不殆”，本身在空间上没有什么变化，在时间上也没有什么来去，“如来”。所以处在道的境界，是超越对待、言语、名相，超越一切有为的，只有无为，也就是“是以圣人处无为之事”。“无为”，就是没有任何的心机的状态，如此就超越了“行”；“行不言之教”，就超越了“名”，于是跳出前文所描述的有对待、落两端的状态，证入究竟涅槃之境界。

生而弗有，为而弗恃，功成而弗居。
夫唯弗居，是以不去。

接下来，描述一个道者的“德”，即道在显用的时候应该是怎样的。《道德经》的“德”，指道的德性、品德，这是道在显用这种动态中所具有的性质，所存在的一定规律。这个“德”字，双人旁，十、四、一、心，按道家来讲，即十天干，四象，太极，心。所以，道，它一定展现出太极、四象、十天干的八卦之相。所以《阴符经》中讲“八卦甲子，神机鬼藏”“昭昭乎进乎象矣”，这描述出道在妙有的境界中展现的轨迹，也就是“德”。

一个真正的道者，必定具备道的品德；反之，由德起修，亦可入道。德的展现，是不需要人为的，所以道者肯定是“为而弗恃，功成而弗居”，功成是道的功成，不是某个人的功成，有何可居呢？道者懂得道的规律，他顺之而行而已，并不是他去成就一个什么功德。所以一个真正的道者“为而弗恃”，即《阴符经》所讲“观天之道，执天之行，尽矣”。所以无所谓居不居功，那是老天所为，与人为根本毫无关系，我们只不过是顺之而行就是了，所以自然“功成而弗居”。“夫唯弗居，是以不去。”你合于道，哪里去得了呢？道，从来没消失过。当你与道相融，早已超越了来去。

问：若从修行方法来看，是不是按照第二章所说，“处无为之事”“行不言之教”？

师：首先是“道”，第一章第一个字，“道”。

修行，首先必须要开悟，要见道，你才能够具备道的心境，才能明白道的境界。见性之后，知道了本来是怎么样，然后当进入世间，世间是有分别的，有善恶等等对待，那么看见这些分别对待的时候，你不要着相，不要执着，守住你的本来，不被境转。但是同时，亦要“和光同尘”（第五十六章），心里明白世间的这种规律，即当处在最低潮的时候，你知道会有升起来的时候；当处在最高潮的时候，你知道会有降下去的一天。那么如此守住本来不动，这就是“守中”。“多言数穷，不如守中。”（第五章）所以我说《道德经》所提出的修行方法，既有禅宗，亦有密宗。因为它有修命功的内容：“载营魄抱一，能无离乎？专气致柔，能如婴儿乎？涤除玄览，能无疵乎？”（第十章）但是心法是禅宗的心法，守住本来不变，然后随时修炼那股气，应一切事。这个修行的状态，就是佛法所说的“四无碍”：理无碍，事无碍，理事无碍，事事无碍。这样你才能够成就到证悟空性、圆融无碍的境界，你才敢进入到世俗里，然后不被世俗所转。现在刚刚讲到第二章，往后一篇篇学习，把每章的内容理解透了你就会发现，《道德经》每一章具体到世间一切事，章章明镜一样对着你，你的心哪里不对了，有烦恼了，为什么烦恼，马上就能展现出来，清清楚楚。当我们把八十一章全部学完，你的心一下子就坦然了，做任何事都在《道德经》的法教之中，没有哪一件事不在。如果你章章烂熟于心，那么你马上会知道如何应对。所以我说这是真正的经，这部经太伟大了。若能把这部经研究透，那是真正得法。理法一贯，明理即是法，然后依法，反过来修你的道德，入道，展现你的道德。所以八十一章的内容，把很具体的事，一件件讲给你听，当官的、做买卖的，都要讲，无所不包，这样就可以处处通达。

第三章

老子说

不尚贤，使民不争；
不贵难得之货，使民不为盗；
不见可欲，使民心不乱。
是以圣人之治，
虚其心，实其腹，弱其志，强其骨。
常使民无知无欲，使夫智者不敢为也。
为无为，则无不治。

如来说

自性、真心
攀缘心、妄心
三界六道
全凭心意用功夫

第三章，老子描述了修行的心法。

不尚贤，使民不争；不贵难得之货，使民不为盗；不见可欲，使民心不乱。

开头三句，可以从两个层面来理解：

其一，老子身处于人类社会从先天八卦系统向后天八卦系统进行转折的时期，即公天下时代向家天下时代的转换时期。此时的社会是“尚贤民争”“贵难得之货，民为盗”“见可欲，民心乱”。老子以得道之见地，秉承上古圣贤之公德，看到当时人心祸乱，深感大道没落，由此对人间未来发展心生悲悯，对人心不古、物欲横流、相互争斗的社会现状提出批判。

其二，产生这种纷乱社会现状的原因，是人们远离了道，正所谓“大道废，有仁义”（第十八章），所以不论是个人还是社会，必须回归道的境界，必须返还，这就是修行。于是老子提出“不尚贤”“不贵难得之货”“不见可欲”，把自己的心，从后天人为的攀比、争斗意识（即佛在《楞严经》中说的“妄心”“分别心”“攀缘心”）中解脱出来，回到没有分别意识的先天状态，这是修行第一步。

是以圣人之治，虚其心，实其腹，弱其志，强其骨。

接着描述的是在修心过程中的实际体悟。“圣人之治”：恢复到先天状态的人，他的所作所为，“虚其心”“弱其志”，没有分别妄心、没有争斗意识。在这样一种先天状态，人机不动，天机自动，自然能够觉知身体里气机的运动，即《黄帝内经》所谓“生气通天”：人活在世间，是与天地相通的一股生气，贯注在人的体内。在心识妄动之时，这股气化作精，随欲望而流溢，这就是人欲横流。而修行之人不妄动心识，这股精返化为气，不向外流溢而是储存在人体下丹田的位置，时机成熟，气机发动，炼气化神，自然充盈于人体骨骼之内，达到“实其腹”“强其骨”的状态。

常使民无知无欲，使夫智者不敢为也。

“常使民无知无欲”：“虚其心”以至于“无知”——去掉世间人我分别、顽横利己之私心的状态；“弱其志”以至于“无欲”——遣化世间贪得无厌、自相争夺之人欲的状态。“使夫智者不敢为也”：“智者”，自恃聪明、营机取巧之心；“不敢为”，以无知无欲使后天人为的机巧心不起不用。正是吕洞宾所说“降心为无为”：降住妄心，在先天状态下，进入无为。

为无为，则无不治。

当回到无为的境界，相合于道，正如上古圣贤公天下之时代，如此，世道人心，无所不治。

老子本章所描述的修行心法，实际上就是佛陀的教法：心内求法。若心外求法，佛说皆为外道，所以后来禅宗说：“全凭心意用功夫。”这种体会、检视自己心念的内观视角，如果圣贤不说出来告诉我们，众生是很难意识到的。实际上众生的心中时时刻刻都在动着各种各样的念。这些念头波动的状态，经常在三界六道中轮转：有时候落在欲界，有时候落在色界，有时候落在无色界。平时凡夫的念头，一般落在欲界比较多的：当我们嗔恨的时候，和别人产生斗争的时候，就落到阿修罗道；很闲暇的时候，游山玩水的时候，就像在天人道；当受刑罚、病痛煎熬，或遭到重大的打击的时候，就相当于在地狱；想吃不得吃，肚子很饿很难受，是饿鬼道；当处在很低级的欲望状态的时候，就落在畜生道。所以众生随时随地在六道里窜来窜去，只不过自己不知道。那么你的心，到底在哪一道？自己要内省。这就是修行。所以要懂得在生活中体会，要把修行与生活结合，看看自己当下是畜生，还是恶鬼，还是人。你的心，落在哪里，就进入相应的那一道，那你能不能知道？能不能转化？这就是禅宗说的“全凭心意用功夫”。一般凡夫几乎是跳不出来的，调整不了，因为心中的那个后天意识不断地涌动着，这就是佛在《楞严经》上说的“妄心”，是我们六道轮回、生死流转的始作俑者。

我们每个人每天在心中很多名词、概念，很多声音在内心叽叽咕咕，这就叫“音”。说出来听得见的，叫“声”；听不见的、没说出来的心里话叫“音”。这些音，都属于前面说的“名”。所以一个人的语言经常是两套体系，嘴上一套心里一套，说出来的和心里想的是两回事。讲出来的话是“你好啊”，实际上心里很讨厌别人，音与声根本不同步。所以密宗的修行讲究“身、口、意”合一，一个人的行为、说出来的话、心里的想法根本不同步，三心二意的，你说能做到专注吗？不可能。一个心分成三份来搞，就好像一驾车由三匹马往不同方向跑，这样松散怎么修行呢？没一样能做好。若你的所言、所行、所想，真能做到同步，那力量很大，这就是虔诚与否的问题，咒语能否灵验的问题。

所以为什么同一个咒子，有的人念就灵，我们念就不灵？为什么同样一个东西，不同的人见了会不一样？因为你的心境不同，由此心的力量就不一样，你的心所投射出来、所幻化出来的东西就不一样。这就相当于调频，你的心念，会产生不同的震动频率，于是同样一个东西每个人看的不一样；那么如果完全换一个频道，就看见另外一个世界。所以你的心能不能调频？或者只是被局限在一个频道内而且自己还不知道，还以为世界就是这样？老子说：“大音希声”，现代科学已经证实，众多声音中，次声波我们就已经听不到了，更不用说超声波。所以真正的大音，肯定不是你那个耳朵能听得见的那个声音。我们肉眼的可见光，也只局限于某一范围的光波内，超越了这个范围，肉眼就无法看见了，这就是“五色令人目盲”。难道是说看五种颜色看多了导致眼瞎？不是。它的意思是说因为你的眼睛只能看见五色，所以你的眼睛是盲眼，根本看不见真正的世界。大音希声也是这个意思，你耳朵只能听一点点，真正的声音你根本听不见。所以你以为这个世界就是你看见听见的这样，那么相当于聋盲，井底之蛙，所以是“假人”，不是“真人”，连真人都不是，更谈不上“至人”（《黄帝内经》）。而且就这种假人，每天心里还藏着猫腻，贪得无厌、机关算尽，于是你的世界、你的天地、你的范围就被局限在小小一点，还自以为很宽广，实际上都是妄心的投射，局限在六根之内，被框住了，释迦牟尼把这叫作“共业”。这个共业，就让我们投生在这个世界，已经被限制住了。而当释迦牟尼在他那种真正无上广大的心量境界一发功，在场所有的弟子就看见他方国土，看到不同佛国的庄严净土，还可以带着佛陀上至天堂下入地狱。因为佛陀的心量是合于道，是合于自性，那是尽虚空、遍法界，叫作“圆满无漏”，而且是以无为为体，以有为为用，所以他能任意调整频道进入任何一界，还能产生意生身出去度化众生，普贤菩萨就是这个法门，道家亦有此法，八仙中吕洞宾、铁拐李都是如此，叫作“身外身”。而我们凡夫只是有为，只会执着在某一点，一旦执着，或一有为就受限制。所以，老子说“无为而治”，只有这样才能入道，才能做一个真人，才能看到世界和生命的真相。

第四章

老子说

道冲，而用之或不盈，
渊兮似万物之宗。
挫其锐，解其纷，和其光，同其尘。
湛兮，似或存。吾不知谁之子，象帝之先。

如来说

自性
如来藏
大圆镜智
于第一义而不动

道冲，

道，与第一章第一个字“道”同义，代表本体。“冲”，描述太极转动的动态：“冲”字之两点水，代表阴阳；“中”，代表阴阳相抱、相互冲和的状态。世间万物万象，大到宇宙天体，小至人体细胞，无一物不处在这种太极场的动态中，也就是第一章“可道”的境界。“道冲”二字，描述从一种无极之至静中，产生了对待、流行的太极。

而用之或不盈，渊兮似万物之宗。

在太极状态中，阴阳周而复始地冲合转动，产生无穷的一股能量，生出世间万象，生生不息，“或不盈”，好像怎么也用不尽，这股能量虽然不断在创造，却从来没有增加或缺失分毫。“渊兮”，深不可测，是万物的源起之根。

上文描述了道之本体与起用的状态，接下来描述一个凡夫身处于红尘中，欲返本还原、回归于道的修行心法。

挫其锐，解其纷，和其光，同其尘。湛兮，似或存。

“锐”，斗争；“挫其锐”，不斗争，佛说：放下屠刀，立地成佛。“纷”，纠缠；“解其纷”，不执着，心中忘却世间纷扰，不起攀缘。“光”，声色；“和其光”，不分别，见花花世界大千万象犹如空花。“尘”，社会；“同其尘”，不入断灭，心中于世间虽然不染纤尘，但并不是心灰意冷，而是当离则离，当用即用，逍遥自在，圆融无碍。“湛”，光明、通透，形容自性本来，能够做到挫锐、解纷、和光、同尘的关键就是在于守住本来，守住道，即六祖说“于第一义而不动”。道，体现在一切用一切事之中，而“湛兮，似或存”：光明通透，无相无形，看不见摸不着，只能说“似或存”——好像存在又不是存在。这是一种空性，即佛所说的自性、如来藏、大圆镜智的境界。所以若欲返本还原，必须在一切事中，觉知并守住那个无相的本来，不要落端，不要着在世间的相之中，不要被其所转，而又能和光同尘，正如吕祖所说“真常须应物，应物要不迷，不迷性自住”。

吾不知谁之子，象帝之先。

“帝”，上古有青帝、赤帝、白帝、黑帝、黄帝，是创造万物的神。“吾不知谁之子”，我不知道这个道是从何处而生，“象帝之先”，好像在造物之帝未生以前，道就已经存在了。

第五章

老子说

天地不仁，以万物为刍狗；
圣人不仁，以百姓为刍狗。
天地之间，其犹橐籥乎？
虚而不屈，动而愈出。
多言数穷，不如守中。

如来说

阿耨多罗三藐三菩提
无上正等正觉
言语道断
心行处灭

这一章老子以天地喻道。首先，描述道的本体：

天地不仁，以万物为刍狗；圣人不仁，以百姓为刍狗。

“不仁”，无所谓仁义与否；“刍狗”，祭祀时稻草扎成的狗；“天地不仁，以万物为刍狗”，天地没有仁义是非的观念，万物于它来说都是一样。这是比喻，道的境界没有仁义、善恶的分别，这是一种道见，即释迦牟尼所说三藐三菩提——无上正等正觉，胜义谛的境界。仁义贵贱之心是人见，是世俗谛的境界，早已离道很远，所以老子在后面的章节提出：“大道废，有仁义。”（第十八章）因为远离了道，生出人见，于是有了仁义与否的分别之心。“圣人不仁，以百姓为刍狗”，圣人即道者，处在道的境界，同于天地之道见，无人我二相，于世间万类不做分别。

接下来，老子描述道的德性，即第一章“可道”的范畴：

天地之间，其犹橐龠乎？

“橐龠”，风箱。“天地之间，其犹橐龠乎？”——天地之间不正是像风箱一样吗？也就是说，天地之间是一股道气（道家谓之“炁”）的流行变化，就好像拉风箱一样。这是以天地之间气机的动态来比喻道的德性。这动态是怎样的呢？

虚而不屈，动而愈出。

“虚”，看不见；“而不屈”，却又无处不在。“动”，升降出入，不断循环；“而愈出”，继而不断生出万物。这一句与前章“道冲，而用之或不盈”一句相应，描述道从无极状态进入太极时，阴阳周而复始地冲合转动，就像拉风箱，如此运转不息，生出世间万象。

最后，老子给出修行见道的方法：

多言数穷，

这一句可以从两个层次来理解：

第一，道，无以言表不可名状，穷尽世间文字语言亦无法描述，所有言语于道而言无非戏论，多言无益，禅宗所谓“言语道断”，亦是第一章“名，可名，非常名”之意。

第二，人之言语知见，不过是妄心妄为，是佛陀说“攀缘心”，虚幻不实。人为的心理意识和语言，于道而言，是“穷”，是没有意义的，离道太远，禅宗叫作“心行处灭”。

不如守中。

“中”，儒家经典《中庸》有言：“喜怒哀乐之未发，谓之中。”喜怒哀乐未发，即心中没有任何情欲，如初生的婴儿一般，正是第一章“无名，天地之始”的状态。“不如守中”，修行应当要从人为的、社会性的知见中跳脱出来，不仅仅是嘴上不说，心中亦要忘却一切纷扰杂念，守住先天的本来，才可入道。

第六章

老子说

谷神不死，是谓玄牝。
玄牝之门，是谓天地根。
绵绵若存，用之不勤。

如来说

自性光明
大圆镜智
如来藏

谷神不死，

“谷”，幽谷，具有空性；“神”，神明，具有明性；“谷神”二字，是老子以幽谷之空性与神明之明性，比喻道是一种空性的光明，即佛陀描述的“自性光明”“大圆镜智”，它是不生不灭，没有生死的，故说“不死”。

是谓玄牝。

叫作“玄牝”。“玄”，无形无相而能生妙用；“牝”，母性，雌性的生殖功能。老子在第二十章说到“我独异于人，贵食其母”，彼处之“母”，即此处之“玄牝”，都是形容道本无生灭而能生出世间万有的特性。又在第四章说“吾不知谁之子，象帝之先”，正是因为道为天下之母，故“不知谁之子，象帝之先”。

玄牝之门，是谓天地根。

道之能量，好似母性产门，生出天地，是天地万物的宗祖。

绵绵若存，用之不勤。

道的存在方式，是“绵绵若存，用之不勤”：“绵绵”，永无穷尽，连绵不绝；“若存”，虽能生无限妙用而无法以色相见之，故只能说好像存在；因为“绵绵若存”，永无穷尽、连绵不断地供给，所以“用之不勤”，怎么用也用不完，无有边界。佛陀说“如来藏”，也是同样的意思，一切山河大地含藏其中，都由自性所生化出来。

第七章

老子说

天长地久，
天地所以能长且久者，
以其不自生，故能长生。
是以圣人后其身而身先，
外其身而身存。非以其无私，故能成其私。

如来说

无生法忍
诸法无我
常乐我净

天长地久，天地所以能长且久者，以其不自生，故能长生。

天地长久的原因是天地没有生，没有生便没有灭，故能长生不死。这是老子以天地比喻道体不生不灭，即释迦牟尼所说的“无生法忍”的境界。庄子说“生生者，无生”——能够产生生命的是没有生命的——也是描述道本无生的境界。所以修行若欲了脱生死，证入与天地相同的长生不死之境界，首先要无生，此后才能不死。有生一定有死，这是对待、流行、化生的必然结果。所以必须无生，才能超越生死。

是以圣人后其身而身先，外其身而身存。

圣人，一个道者，效法天地，他后其（肉）身、外其（肉）身，成就如天地一般不生不灭之（法）身。“后”与“外”，是形容一种放下、不执着的心态。肉身是有生灭的，一旦执着，便落入生死两端之局，必然从生端走向死端。修行若欲超越生死，首先要从身体的束缚中跳脱出来，不能在肉身上硬做功夫，用功的关键是要配合心法，即下文所说：

非以其无私，故能成其私。

圣人能够跳出生死之局、不执着于肉身的关键，是“无私”。“私”，私心，世间凡夫人人皆有私心；“无私”，即无我。释迦牟尼说，众生都有“俱生我执”：无始以来，一切具有灵性的生命都认为有一个“我”，自出生之后便执着这个“我”，一天二十四小时为“我”忙碌不停，生出喜怒哀乐等感触，枉受生老病死等烦恼诸苦。若能放下我执的私心，做到无我，何人来受这生死？既无人受此生死，正是跳出生死之时，又何患肉身的生灭？心作解脱之时，此身亦得常乐，即是佛说“诸法无我”“常乐我净”的境界。“故能成其私”，第二个“私”，不是私心，而是指超越私心、证入无我之后成就的一个无上境界，相当于“常乐我净”的“我”，不是“诸法无我”的“我”。“诸法无我”的“我”，指俱生我执，是私心；“常乐我净”的“我”，是大我，是公心，普天下一切众生皆是我，我与众生无二无别，此时已与道相融，即第十六章所说“道乃久，没身不殆”的境界。

第八章

老子说

上善若水，

水善利万物而不争。处众人之所恶，故几于道。居善地，心善渊，与善仁，言善信，正善治，事善能，动善时。夫唯不争，故无尤。

如来说

放下屠刀

立地成佛

上善若水，水善利万物而不争。

此章，老子以水喻道。水的方向与世间人的方向是相反的，“人往高处走，水往低处流”。若欲修行见道，便要向着与世间人相反的方向而行，逆修，去掉贪着、争斗之心，禅宗所谓“截断众流”，才能返本还原。

处众人之所恶，故几于道。

世间人追求财富和地位，不断努力攀上社会阶层的顶端，而水从山顶奔流入海，从高处向低处走，这是世人并不乐见的。人们追求财富地位，是一种后天有为的斗争心态；而水性随遇而安，顺流而下，是一种先天自然的回归。“故几于道”，水的这种特性，与道是很相似的。

正所谓“人心惟危，道心惟微”（《尚书》）——人心喜欢争斗，所以是“危”；道，无人我分别，所以是“微”。修行是放下手执屠刀、四处争斗的人之心态，“挫其锐，解其纷”（第四章），回复到没有分别私欲、“视万物为刍狗”（第五章）的道之境界，即禅宗所言，“放下屠刀，立地成佛”。

居善地，心善渊，与善仁，言善信，正善治，事善能，动善时。

这七个句子，表现居一切时、处一切事，无不处在“善”，即不争斗的自然状态，像明镜一般，照显万物，物来则应，过去不留，随遇而安，去除攀缘心。这就是善地、善渊、善仁、善信、善治、善能、善时，在各个状态、各种境遇中都能安住。

夫唯不争，故无尤。

“尤”，过失；“无尤”，没有过失偏颇，回到一种平衡、自然的状态。因为不争，所以能没有偏颇，回归自然，回归道。

第九章

老子说

持而盈之，不如其已。
揣而锐之，不可长保。
金玉满堂，莫之能守。
富贵而骄，自遗其咎。
功遂身退，天之道。

如来说

苦集灭道
一切有为法
如梦幻泡影
如露亦如电
应作如是观

本章讲述的就是佛陀所说的“苦集灭道”。

“持而盈之”“揣而锐之”“金玉满堂”“富贵而骄”，描述的是“集”，是有为的状态。过于有为，不合于道，背道而驰，所以老子在后半句均予以批驳，是“不如其已”“不可长保”“莫之能守”“自遗其咎”，这些都是“苦”。若欲离“苦”，方法就是通过“灭”而入道。所谓“灭”就是无为，就是“功遂身退”，才合于“天之道”。

持而盈之，不如其已。

“持”，拿着、把持，形容一种执着的状态；“盈”，充满、更多，形容一种欲望、贪着的状态；“已”，止、罢，“不如其已”，不如放下吧，不要再执着了。

揣而锐之，不可长保。

“揣”，端着；“锐”，锐利；“揣而锐之”，形容一种斗争的心态。“不可长保”，这是不可能长久的。

金玉满堂，莫之能守。

“金玉满堂”，修行练功，若只以有为法修炼，即使修到上中下三个丹田气住丹结、光明普照，“莫之能守”，也是守不住的，这个肉身终归要灭去。

富贵而骄，自遗其咎。

练功练得气足神全，此时若自以为骄，便功亏一篑。

功遂身退，天之道。

所以“功遂身退”，不要执着，不要居功自傲、自我膨胀，这些都是攀缘心，于道无益。不论何时何处，心中自当清虚宁静，云淡风轻，无为而治，这才是道的风范。《金刚经》中说“一切有为法，如梦幻泡影。如露亦如电，应作如是观”，这正与老子此章所提出的无为法有着异曲同工之妙。

第十章

老子说

载营魄抱一，能无离乎？
专气致柔，能如婴儿乎？
涤除玄览，能无疵乎？
爱国治民，能无为乎？
天门开阖，能无雌乎？
明白四达，能无知乎？
生之畜之。
生而不有，为而不恃，长而不宰，是谓玄德。

如来说

明心见性
悟后起修
任任无为
一切有为法
如梦幻泡影
如露亦如电
皆作如是观

此章老子叙述了身心双修之法。

载营魄抱一，能无离乎？

“载”，指我们这个身体。“营魄”，可以从几个层面来理解：

其一，营血魄气，就是我们身体中的气和血；其二，魂魄，人体之中，肝主血，藏魂，肺主气，藏魄；其三，进而配合修行的境界来理解，“营魄”代指阴神与阳神，即识神与元神；其四，以释迦牟尼的角度来理解，“营魄”即《楞严经》中所说的攀缘心（妄心）与真心。

“载营魄抱一，能无离乎？”——通过修炼，你能否令身体中的“营”与“魄”完全合一，达到毫不分离的境界？

作为一个普通人，后天人为意识，即上文所说的阴神/识神/攀缘心，主宰了我们的生活。此攀缘心迷于外境外物，生起好恶爱取之分别知见，念念奔流不息，而鲜少有人能觉察到先天真元——即上文所说的阳神/元神/真心——的存在。攀缘心在迷于外境的过程中，不断消耗身体的气血，于是经年累月，我们年老神衰而亡。修行，正是要放下向外执取的攀缘心，令身体气血相抱无耗，固气全神，进而体会到我们本就存在而不自知的真心，即佛家所说明心见性。这个令后天识神伏归真元的过程，就是本章第一句话的含义。只有当识神与元神二者相抱，才能够深深地入定。

密宗和道家均阐述过这个问题：

西藏第六世达赖喇嘛仓央嘉措的诗，《若能在一滴眼泪中闭关》，其中有这样几句：

这么多年　你一直在我心口幽居　我放下过天地　却从未放下过你

……

先是在雪山的两边遥相误解　然后用一生的时间奔向对方

……

我用世间所有的路　倒退　为了今生遇见你

……

诗中的“你”，代指真心；“我”，代指攀缘心，二人的相遇正是对“营魄抱一而无离”这个过程的比喻。而若欲使二人相遇，必须“用世间所有的路倒退”，世间路是以攀缘心为前提的，修行必须逆走，放下攀缘心，回归本来。

道家吕祖《百字铭》中亦说：“养气忘言守，降心为无为。动静知宗主，无事更寻谁……不迷性自住，性住气自回。”降心养气即放下攀缘心，宗主就是我们的元神，当攀缘心不再妄动奔流，伏归于宗主元神，二者相抱合一，便不再被外境所迷，故能性住气回，长生久视，进而无生无灭，没身不殆。

专气致柔，能如婴儿乎？

我们每一个人都经历了婴儿、孩童、成人的成长阶段。在婴儿时期，我们尚保持在先天的状态；当七岁以后，后天人为意识已经非常成熟；直至成人之后，在攀缘心的主宰下，我们知觉中的社会性、自我意识更加坚固，深深盘踞在我们的脑海里，距离充满灵性的先天状态已经非常遥远。

这样一种社会性的思维状态，是一种无明，是一种迷于外境的众生的境界；而圣人以先天之灵性真元为行住坐卧的宗主，不被攀缘心左使，不迷于外境，处在一种觉者——即佛的境界。若欲跳出众生之谜境，证入圣人之佛境，必须要返还，这个过程就是修行。不断地返还，以至于回到如婴儿一般，处在先天的状态，无知无欲，自然“专气”——神住气回。身体中的气，随着神走，只有调神（识神不妄动）才能调气。修行人看到“专气致柔”这一句时往往误解成调气，即练功时使用人为意识左右气脉的走向等，这实际上还是一种攀缘心使然，过于有为，于道无益。只有放下攀缘心，真元自会发挥功能作用，不用你调，身体之气自然专一柔和，无为而治。

修行，首先要懂得返还，先回到孩童时那种童真的状态，虽然有较成熟的人为意识，但孩童不似成年人心中五毒（贪、嗔、痴、慢、疑）那么深重。禅宗六祖慧能大师说：“《净名经》云：直心是道场。”即是要我们除却狡诈谄曲之心，以纯真率直之性，才可能修道。如此再进一步，回归到婴儿无欲无求的状态，才能觉察先天之灵性元神的存在。

涤除玄览，能无疵乎？

修行若恢复到婴儿的状态，仍不是究竟，仍旧有瑕疵，还执着有个“我”，未能做到忘我无我，所以还要“涤除玄览”，还要放下，空净自己的心，回到还没有这个身体、没有投生以前的状态，所有妄心、妄念清静不生的状态，证入无生的境界。

爱国治民，能无为乎？

一旦证到无生，见性之后，修行进入“悟后起修”的阶段，这时反回来要修身。前面是见性是修性，修炼心性；现在是修命——修炼身体。“爱国治民”，即对身体的修炼，特别是身体中的精和气。我们的身体就像一个国家，就是第一句“载营魄抱一”的“载”，承载，其中有许多众生，所以六祖说：“自心无边众生誓愿度。”佛陀的三身成就，其中的报身成就，就是修这个身体。那么如何修身呢？——“能无为乎？”也就是说，还是要无为而治，配合修性所证到的境界来修，不能有为地、人为地盲修瞎练，要以无为法，精和气自然会发生转化。

天门开阖，能无雌乎？

当我们以无为修身到一定阶段，会达到吕洞宾所说的："阴阳生反复，普化一声雷。"这"普化一声雷"的时候，就是天门开阖之时。此时"能无雌乎？"——能否做到所出入之气为纯阳之气，没有一丝阴气呢？这就是告诉我们，在修身的阶段，身体的精气在反复的时候会出现天门开启，这时必须修到以阳神出入天门，而不能是阴神，所以说"无雌"，这已修至很高的境界，可以身外有身。佛家安般（出息入息）法门"十六特胜"中第十一法"心作解脱"，即是此处所描述的境界。但这里的差别就在于"能无雌乎"：若火候未到，就妄动念头跑出来，这是出阴神；而老子指出，必须要无为至阳神自动能出入天门，方为正道。

明白四达，能无知乎？

在纯阳的境界，能够"明白四达"，这是一种洞见，是佛陀所说的般若的智慧，彼岸的智慧。洞见不需要思辨，不需要人为地干扰、分别，否则落入阴神的境界。老子在这里的反问，实际上是要求修行人在到达明白四达的阶段之后，不要妄动念头。《黄帝内经》在描述中古真人时说道：

（中古真人的境界是）"聚精全神，神游八极，四听八达之外"。

"聚精全神"，就是前文"爱国治民"的阶段，当精聚化气、气聚化神之时，天门打开，继而能够"神游八极，四听八达之外"，什么都可以知道、看到、听到，即为"明白四达"。这时候还要"无知"，即无为，不要启用人为后天意识，攀缘心始终要伏归真元，不可妄动。

生之畜之。

在证得以上境界后，“生之畜之”，继续保持这种状态，继续调整、修炼这个真元与攀缘心相抱的关系以至于纯然合一。那么，修炼方法的关键还是无为。

生而不有，为而不恃，长而不宰，是谓玄德。

前三句，均强调要无为。“生而不有，为而不恃，长而不宰”，描述已经达到了心能转物的境界，但明明可以主宰、可以左右一切，这就是“法眼”的境界（佛家有“五眼”之说，所谓肉眼、天眼、慧眼、法眼、佛眼）。只有顺其自然，“是谓玄德”，这样才能与道相合，才是道的德性与风范。这也是佛家所说的“佛眼”的境界——完全自动化，不需要人为，一切自然吉祥如意。

纵观全篇所述，老子清晰地展现了修行的次第，着重强调了修行中的无为之心法，修身也是以无为心法为旨要，密宗宁玛派大圆满法的心要亦是“任任无为”。所以佛说“一切有为法，如梦幻泡影，如露亦如电，皆作如是观”。

第十一章

老子说

三十辐共一毂，当其无，有车之用。埏埴以为器。
当其无，有器之用。凿户牖以为室，当其无，有室之用。故有之以为利，无之以为用。

如来说

能与所
妄心与真心

第十一、十二、十三章的内容，老子描述了道的起用的两种形态，即释迦牟尼所说的“能”和“所”。“能”和“所”属于可道、可名的范畴，并非描述道之本体的境界。

“能”，相当于佛所说的妄心、攀缘心的范畴；“所”，是我们所见所闻所觉所知的外界，即可指陈、可攀缘的一切色相。这二者相互依存，是一组对待关系，“所”若灭，“能”即灭，“能”若灭，“所”亦灭。现在哲学界所讨论的唯心与唯物，即妄心与物质世界，其实也就相当于“能”和“所”。

“能”和“所”的相互作用，就是“无之以为用”“有之以为利”。相对“能”来说，“所”是有；相对“所”来说，“能”是无。能为用，所为利。

老子举出三个例子来比喻。第一，古代马车的轮子以木头衔接而成，“辐”，是衔接车轮轴心与边径的木条；“毂”，是车轮轴心上的孔座。一个小小的毂，可以衔接三十根木条，支撑起一辆车的负载，因为它是中空的，车轮就可以转动，而为车之用。

第二，“埏埴”即陶器，因为是中空，所以可为器皿之用。

第三，建造房子，有户（门）有牖（窗），留出一个空间，才可为室之用。

最后老子进行总结：“故有之以为利，无之以为用。”“有”，可见的、有形的；“利”，好处、方便、顺利；“无”，无形的；“用”，起作用。这就是说，有形之物予以便利，无形之物可以发挥作用。

第十二章

老子说

五色令人目盲，

五音令人耳聋，

五味令人口爽，驰骋畋猎令人心发狂，

难得之货令人行妨。是以圣人为腹不为目。故去彼取此。

如来说

能与所

根与尘

妄心与真心

本章承接上一章的内容，进一步阐述了“能”与“所”相互作用的方式。

前三句，五色、五音、五味，都是描述色法，即“所”——是我们的所见、所闻、所尝，在佛法中，这些“所”亦统称为“尘”。我们能见、能闻、能尝之“能”分别寄藏在根中（眼根、耳根、鼻根、舌根、身根、意根六根）。根与尘的相互作用产生了我们的见闻觉知，这就是我们普通人攀缘心的基本运作方式。攀缘心的运作过程，是通过前五根接触到外尘，随即藏于根中之“能”迷于尘中，呈现出“所”；根据“所”，第六根意根产生好恶爱取等分别意识和欲望，进而影响我们的行为，觉得喜欢的就拼命去追求——“驰骋畋猎”，乃至到了心发狂的地步。

在攀缘心的主宰下、能与所互相交流中，人们不断地被“所”给迷惑,“能”迷于“所”之中，越来越沉溺在物质世界里，这种攀缘的习性越来越重，从而无法见到真相，故说“五色令人目盲，五音令人耳聋，五味令人口爽”。

这种顺着欲望向外攀缘的方式，就是一般普通人的思维和认知方式；而修行，是逆走，必须倒转回来，向内返还，所以“圣人为腹不为目。故去彼取此”。“腹”，不是指我们有形的那个肚子，此处的“为腹不为目”，相当于第三章“虚其心，实其腹”的意思，老子以一种比喻的方式，描述圣人不向外而向内的状态。“去彼”，不要向外去求“所”;“取此”，向内返还，守住“能”。这样，能还能，所还所，本来相互依存的它们一旦被分开，二者俱灭，能所双亡，打破了攀缘心的运作方式，此时，可以入道。

第十三章

老子说

宠辱若惊，贵大患若身。
何谓宠辱若惊？
宠为上，辱为下；得之若惊，
失之若惊，是谓宠辱若惊。何谓
贵大患若身？
吾所以有大患者，为吾有身，及
吾无身，吾有何患？故贵以身为
天下，若可寄天下；爱以身为天
下，若可托天下。

如来说

能与所
攀缘心
色受想行识
照见五蕴皆空

本章承接前两章的内容，阐述“能”“所”的关系，指明“能”迷于“所”的根本原因在于我们执着自己的身体。

宠辱若惊，贵大患若身。

攀缘心，相当于“能”；身体，相当于“所”。“能”“所”紧紧相连，所以宠辱与身，紧密相关。“宠辱若惊，贵大患若身”，受宠或受辱，感觉好似受惊一样，这是因为心被惊动了，于是身体也会有很大的反应。

何谓宠辱若惊？宠为上，辱为下；得之若惊，失之若惊，是谓宠辱若惊。

当受宠，就害怕失宠；当受辱，就害怕再次得辱。这种患得患失的心态就是“若惊”。为何宠辱一来，就会受惊？因为攀缘心使然，总想要获得些什么。这种欲望，令人陷入被动，无法自己做主。而欲望的根源在于人们执着于肉体，把身体当成是自己，这其实是一个错觉。当我们说“我”的时候，往往把这个肉体当成是“我”。实际上肉体只是“我”的身体，为“我”所用，而并不是“我”。所以老子接着说：

何谓贵大患若身？吾所以有大患者，为吾有身，及吾无身，吾有何患？

“贵”，即福禄寿的禄，人们都想升官，想发财，想让万物利养自己的身体，这是由于执着肉体所产生一种欲望，当得不到利养，满足不了欲望，人就开始“患”，这是“大患”——人类烦恼之根本。如果“无身”，不执着肉体，何患之有呢？所以第七章讲“是以圣人后其身而身先，外其身而身存”，也是告诉我们不要执着肉体这个根本大患。

故贵以身为天下，若可寄天下；爱以身为天下，若可托天下。

我们如此宝贵、喜爱这个身体，甚至把它当成自己，那么当我们把这种“贵”、这种“爱”，放之于天下，我们所谓的“身”岂不是能够达到“寄天下”“托天下”的境界吗？这一副小小的肉身又怎可与之比拟呢？所以，关键看你的心，执着于什么，执着的境界不同，你所处的层次就不同。当我们把这种局限于肉体的执着心，不断地宽容，不断地放大，层层超越，即第十六章所说：“容乃公，公乃王，王乃天，天乃道，道乃久，没身不殆。”当以天下为身之时，已经无我了，那个境界即是道。

所以，修行必须依次第解脱，层层升华。那么首先要从身体起修，修身的关键：忘身，而不是去搞什么气脉、神通一类，这反而是对身体更加地执着，越修离道越远。释迦牟尼也曾宣说与此相同的法教。他说，人生有八苦：生、老、病、死、求不得、爱别离、怨憎会、五蕴炽盛。这五蕴炽盛苦，就是众生将这个肉身执着为己，于是被色、受、想、行、识五蕴所缠缚，不得自在。若想要自在、解脱，必须“照见五蕴皆空”（《心经》），要打破身体对我们的束缚。但是人自从一生下来，就在这个后天人为意识所主宰的社会中慢慢受到污染，产生很多欲望，终日为肉体服务，整个社会人人都是如此，所以我们不得不委曲求全，从一个自然人很快变成社会人，越来越不自在。此时，离道——我们的本来，已经非常遥远，终日妄心源源不断，满脑子的利益、得失、好坏、贵贱。而且还有很多属于“情”的部分掺杂其中：当你一出生，在一个家庭里就有父母、兄弟、姐妹等等，一出生就已经注定被人情的关系所缠绕；等长大之后到社会上，所谓人际关系将你系缚得更深。在你为这些人情所转的同时，你本人因为这个身体，又有许多欲望，所以一个情感关系的系缚，一个身体欲望的驱使，将你变成一个全然的社会人，这个社会的烙印深入你的基因，祖祖辈辈都烙上这个社会性。现在的小孩越来越早熟，越来越聪明，所谓的早熟和聪明，就是一种社会性的过早出现。因为这种社会性的基因以一种分子方式在身体中代代相传，那么随着物质的进步，社会化的不断发达，我们的生命尚处于种子的时候，就已经被深深地污染。所以如果不能破掉对肉身的执着，如何能返回到本来面目呢？

老子提出“吾所以有大患者，为吾有身”，正是基于他对社会性和肉体将灵性牢牢束缚的深刻认识。老子的时代距今已是两千多年，今天我们人类的社会性、我们对肉体的执着、对物欲的追求，较之于两千年前有过之而无不及，所以现代人若欲修行见道，首先要把理搞清楚，明理才能放下执着，才有可能明心见性，只有明心见性，才能知道自己被污染得有多深，继而不断磨炼，不断去除污染和束缚，同时守住本来，此时要深深地进入禅定，深深地处于空性中，才能真正回归。

这也是为什么历代以来，修行都需要有传承。所谓传承，是有一个种子，不是社会性的，而是自然性那个种子，由一个道者，来给你灌顶，道家所谓“下种”，佛门叫“灌顶”。必须由有修为的人，将没有污染的那个种子，种在你的身体里，同时你的心灵，必须要有超越社会性的、纯自然的见地，这样慢慢修行，将社会性的污染不断去除，将自然性的种子不断培育，生长壮大。此所谓“火里种金莲”——在这重重淤泥中不被污染，这个境界就是老子所说的“和其光，同其尘”，“不可得而贵/贱/亲/疏”（第五十六章），一有贵贱亲疏之心，一定宠辱若惊，就又落入社会性的污染之中。

第十四章

老子说

视之不见，名曰夷；
听之不闻，名曰希；
搏之不得，名曰微。
此三者不可致诘，故混而为一。
其上不皦，其下不昧，
绳绳兮不可名，复归于无物。是谓无状之状，无物之象，是谓惚恍。迎之不见其首，随之不见其后。执古之道，以御今之有。能知古始，是谓道纪。

如来说

自性
如来藏
跳出三界外
不在五行中

前三章描述了能与所，这是道之用；本章老子描述道，回到本体，即佛所说的自性、如来藏。

道，是怎么样的呢？

视之不见，名曰夷；听之不闻，名曰希；搏之不得，名曰微。此三者不可致诘，故混而为一。

是“夷”：视之不见；是“希”：听之不闻；是“微”：搏之不得（触摸不到）。“此三者不可致诘，故混而为一”，不可以视、听、搏此三者去追求道，要“混而为一”——没有分辨、没有分别，才能见道。也就是说，道是不可以分别心而得的，这即是佛说的胜义谛的境界，是不可言表，无法以后天的眼、耳、鼻、舌、身、意去感知的。

其上不皦，其下不昧，绳绳兮不可名，复归于无物。是谓无状之状，无物之象，是谓惚恍。

“皦”，明亮；“昧”，昏暗。若以能所，以眼、耳、鼻、舌、身、意去观察世界，便认为天上是皎洁明亮的，而地下是平沉昏暗的。而道是超越这些对待，无有分别，故“绳绳不可名”。“绳绳”，比喻以分别心来格解的状态；“不可名”，即以分别、格解之心是感知不到的。所以，道，根本不可见，好像没有东西，“复归于无物”，这是“无状之状，无物之象”，称为“惚恍”的一种状态，若以攀缘心去找，是找不到的；用后天的肉身去找，也是找不到的。因为它是母体，它超越了后天有形状态，必须放下后天人为，才能回去。

迎之不见其首，随之不见其后。执古之道，以御今之有。能知古始，是谓道纪。

“迎之不见其首，随之不见其后”：道，根本无所谓前后，没有对待、分别，怎么可能见其首或见其后呢？

“执古之道，以御今之有”：“古”，先天；“今”，后天；一切都是道所生出来，先天之道统御后天之有。

“能知古始，是谓道纪”：回到本体，便知道世间万物之来去，懂得万物最原始的状态，这一切都在道的统纪之中。

本章老子继前三章对能所的描述之后，超越其上，展现道的境界，指出本体是超越能所、能所双亡之后的状态。能，就是攀缘心，所，就是欲界、色界、无色界三界。佛门说“跳出三界外，不在五行中”，就是描述这种超越能所的状态。

第十五章

老子说

古之善为士者，微妙玄通，深不可识。
夫唯不可识，故强为之容：豫兮，若冬涉川；犹兮，若畏四邻；俨兮，其若客；涣兮，其若凌释；敦兮，其若朴；旷兮，其若谷；混兮，其若浊。孰能浊以静之徐清？孰能安以动之徐生？保此道者，不欲盈。夫唯不盈，故能蔽而新成。

如来说

于第一义而不动

古之善为士者，微妙玄通，深不可识。

“古之善为士者”，即一个得道之人，“微妙玄通”，深深进入道境，“深不可识”，这样的人，我们想用眼、耳、鼻、舌、身从表面上或用意识从思辨上去观察，是看不清楚、不可能认识到他的境界的。所以佛门有句话说“佛看众生皆是佛，众生看佛是众生”。释迦牟尼佛，每天打个赤脚，沿街乞讨，回来洗脚，然后吃好饭，洗好手，盘坐，开始讲经，就和普通凡夫一样，也会生病、死亡。所以若从一个凡夫的角度，想用我们的眼睛去看清楚一个道者，这是不可能的，你看到的还是一个凡夫。故说“深不可识”。

夫唯不可识，故强为之容：豫兮，若冬涉川；犹兮，若畏四邻；俨兮，其若客；涣兮，其若凌释；敦兮，其若朴；旷兮，其若谷；混兮，其若浊。

“夫唯不可识，故强为之容”，由于一位道者的境界无法以凡人之见去认知，老子只能勉强以文字来形容一下。他以一种非常美的诗文式的表达，简要描述了道者的七种状态：豫、犹、俨、涣、敦、旷、混。实际上，道，无所不包，一个道者在世间可以有很多种相貌，这里只是举例：“豫兮，若冬涉川”（谨慎，好像冬天在冰川上走）；“犹兮，若畏四邻”（犹豫，好像防畏邻居）；“俨兮，其若客”（恭敬，好像非常庄重的样子）；“涣兮，其若凌释”（流散，就好像冰快要融化时一样）；“敦兮，其若朴”（厚道，非常老实、淳朴的样子）；“旷兮，其若谷”（空旷，好像幽幽空谷一样）；“混兮，其若浊”（混沌，好像浊流不清的样子）。

孰能浊以静之徐清？孰能安以动之徐生？

一个道者，当他处于动态时，是在一种可道的规律中，但内心并没有任何欲望或有为的思想，没有害怕恐惧，只是自然，清静无为、随遇而安，所以他会显示出不同的相貌，有浊有安有静有动，是道的一种活泼泼地显用，在不同的时段空间、在无常的状态中随缘应化。就好像天地在春天时有春天的相貌，在夏天时有夏天的相貌，秋天时有秋天的相貌，冬天时有冬天的相貌，但天地绝对不会因为春天而欣喜，也不会因为冬天而悲哀，只是自然而然。

保此道者，不欲盈。夫唯不盈，故能蔽而新成。

那么为何一个道者，能够做到如天地一般“静之徐清”“动之徐生”呢？因为“保此道者不欲盈”——道者的内心守在道的状态，保此道，守在本体的状态，即释迦牟尼说，住在自性的状态，亦是六祖说，“于第一义而不动”的状态。“不欲盈”，不离开道，无过无不及，也不会有一个先入为主的观念、欲望。

“夫唯不盈，故能蔽而新成”，“不盈”，从未变过。一个道者，他的内心处在道境，从未变过，所以他很自然，好像婴儿一样，该哭就哭，该笑就笑，该喊就喊，我们所看见的只是表象，觉得哭了就是悲伤，实际上婴儿只是哭，他并不悲伤，就是如此地自然，仅此而已。

本章描述了一个道者的风范，描述一个见性之人在平常为人处世时的生活模型。修行，正如上所述，首先要见性，然后住在这个本来觉性上，这样一切的行为就变得自然，在这个自然的状态里面，就会随遇而安。现在我们流行说“活在当下”，这个“当下”，就是描述随遇而安的状态，内心不会因为环境变化而产生波动。密宗大圆满法就是以“任任无为”为心法，顺其自然，随缘而动，但不攀缘，内心守住本来，于第一义而不动。

第十六章

老子说

致虚极，守静笃。
万物并作，吾以观复。
夫物芸芸，各复归其根。
归根曰静，是谓复命。
复命曰常，知常曰明。不知常，妄作，凶。
知常容，容乃公，公乃王，王乃天，天乃道，道乃久，没身不殆。

如来说

自性
如来藏
菩提心
究竟涅槃
常乐我净

上一章，老子描述了道者的风范，这一章，老子描述了修行的方法和次第，告诉我们如何成为一个道者。

致虚极，守静笃。万物并作，吾以观复。

"致虚极"，把妄心、攀缘心，一层层空掉，虚无到极致；无明壳一去掉，"静"——本心自性自然显现出来，开悟，然后守住本来不动，"守静笃"。

悟后，观心起修，去除能所。这个过程中会出现很多相，因为自性妙觉明圆，佛说“如来藏”，含藏万物，又言“大圆镜智”，照显万物。所以当明心见性之后，观“万物并作”，明白世间万物生灭存在的规律，“复”，万物的生灭，一种动态的、行阴的范畴，“吾以观复”，在识（阿赖耶识）的境界，观行（五阴之行阴），对于一切万有的生灭根元，了了常明。正如《楞严经》对此境界的描述：“觉明虚静，犹如虚空，无复粗重前尘影事。观诸世间大地山河，如镜鉴明，来无所黏，过无踪迹，虚受照应，了罔陈习，唯一精真。生灭根元，从此披露。”

夫物芸芸，各复归其根。归根曰静，是谓复命。

一切世间万物，各种各类，其根在于何处？老子说“天下万物生于有，有生于无”（第四十章）。万物之根在于无，空性。“归根曰静”：“静”，即“守静笃”之“静”；“归根”，即回到空性，空性，就是自性，一切世间山河大地都是从自性生出来的。“是谓复命”，万物归于空性，这种状态若起一个名字的话，叫作复命。

复命曰常，知常曰明。不知常，妄作，凶。

“复命曰常”，回归空性，不生不灭，不来不去，永恒常在；“知常曰明”，知常，就是见到了自性，就是明，不再是无明众生；“不知常，妄作，凶”，而无明众生没有见到自性本来，不知常，不知道“守静”，所以“妄作”，颠倒妄想，“凶”，妄想不真，故有轮回，枉受生死。

上文描述了修行的方法：“致虚极，守静笃”，此后守住本来，时时关照自己的本性。接下来描述修行的层层次第。

知常容，

“常”，自性，不生不灭、不垢不净、不增不减，“知常”，明心见性；“容”，容量，因为知常，见到了自性，具足无限广大的心量，也就是佛陀所说的菩提心。

容乃公，

当证悟菩提心，心量变得无比广阔，这时于行住坐卧一切时一切事中，安住本来，不断澄净妄心私欲，乃至能容纳一切世间万物，此所谓“公”，公心，平等平等，无二无别。

公乃王，

此时，心已如明镜一般，万物都在心中显现，通天通地通人，好似百川入海，海纳百川，容下一切，成为万物万法之王。

王乃天，

万法之王，与天地相融，天人合一，能量充盈于天地，草木皆兵。

天乃道，道乃久，没身不殆。

在天之境界之上，再进一步地超越，圆满地证入道境，不生不灭，永恒不殆，也就是佛说的“究竟涅槃”“常乐我净”。

第十七章

老子说

太上，下知有之。
其次，亲而誉之。
其次，畏之。
其次，侮之。信不足焉，有不信。犹兮其贵言！功成事遂，百姓皆谓："我自然"。

如来说

一真法界
无所住

太上，下知有之。

"太上"，道，无分别、无对待，公心平等，无二无别，即佛说，一真法界，不二法门，不生不灭、不垢不净、不增不减；"下知"，在道的境界是不会用攀缘心、分别心去了知的；"有之"，而道本身智慧的觉照无所不知。

其次，亲而誉之。

"其次"，达不到道者的境界，"亲而誉之"，有了分别心，与人相处便开始讲究亲疏，已经不自然了。

其次，畏之。

再下来，讲究敬畏，有贵贱之分。

其次，侮之。

再低一层，互相欺负、侮辱、争斗，离道越来越远。

行文至此，老子以次第推进的方式，清晰地展现了从胜义谛的道心落入世俗谛的人心的各个阶段，这与佛说十二因缘层层推进的说法方式不谋而合。那么为什么人们会变得每况愈下呢？因为没有信。

信不足焉，有不信。

道中有信。信不足，入不了道的境界，根本体会不到道，于是不信。现代人，连鬼神都不信，更不要说道。在我们的内心，只相信有形的世界，只相信我们的肉体，无形的东西根本不当一回事。为了这个身体，我们的心中充满贪、嗔、痴，因为贪、嗔、痴，所以有“亲而誉之”“畏之”“侮之”，所以佛陀将贪嗔痴称为“三毒”。这三毒让我们离开自性，心中只有欲望，不能处在“下知有之”的状态，所以有不信，不相信永恒，连死后有没有灵魂都不相信，更不说道。

犹兮其贵言！

这是真正的贵言啊！这是感叹“信不足焉，有不信”这一点是很要紧的，强调这是我们无法入道的根源。

功成事遂，百姓皆谓：“我自然。”

“功成事遂”，一个道者，成就了功德却不居功自傲，事成则已，一无所住，正如《金刚经》说：“菩萨应无所住行于布施。”这样，百姓都觉得很自然，因为一个道者在自性的状态与人相处，没有任何有为的意识去干扰其他人，只是一种寂静的感化，是一种道的彰显，随缘应化，随遇而安。所以老子在后面的章节提到“圣人无常心，以百姓心为心”（第四十九章），在这个状态中，百姓当然觉得自然。事实上当一个普通百姓与道者在一起做事总是水到渠成，他也不知道为什么，就觉得很自然。其实这是道的一种感化，默默地感化着众生。所以当释迦牟尼开悟后，慢慢走出来，原来离他而去的那些弟子看到他就觉得不一样，就自然而然地过来向他顶礼，这就是感化，一种无言之教。也就是老子说的，无为而治。

第十八章

老子说	如来说
大道废，有仁义；	**一切有为法**
智慧出，有大伪；	**如梦幻泡影**
六亲不和，有孝慈；	**如露亦如电**
国家昏乱，有忠臣。	**应作如是观**

本章承接上一章，描述“太上”以下的有为法境界的状态。“太上”，即道。但当人们远离道，“大道废”，就落入对待之中，有了人我善恶的分别，有了私心，进入有为，开始讲说仁义；“智慧出，有大伪”，世间的聪明是人机攒动，于是开始立真伪，搞谋略；人机一旦妄动，心不自安，便会为一己私欲互相争斗，于是六亲不和，这才提出“孝慈”；争斗不止，人心惶惶，国家昏乱，这才需要“忠臣”。

上述这些基于善恶的对待关系，其根本原因是由于“大道废”而产生。若处在道境，是无所谓善恶，“不思善不思恶”，纯然本真。但因为人们在攀缘心的主宰下，远离了无为之道，进入到有为私欲之中，于是有了这一系列分别对待。这些有为法，佛在《金刚经》中明示：“一切有为法，如梦幻泡影，如露亦如电，应作如是观。”一有为就不自然，就开始做作，学仁义、学孝慈。虽然佛亦说“诸恶莫作，众善奉行”，但须知，此是佛家于世俗谛所传的权宜教法，并非胜义谛的了义究竟。

《道德经》八十一章，章章指向胜义谛的道，以及如何回到道。有时描写世俗谛的可道、可名，亦将其与道的层层次第关系，表达得清清楚楚，目的是为了通过比较，更明确地反衬出道的境界。所以老子《道德经》是一本相当于佛家了义的、探讨本体的、胜义谛的经典，绝非一般世俗智慧可解。

第十九章

老子说

绝圣弃智，民利百倍。
绝仁弃义，民复孝慈。
绝巧弃利，盗贼无有。
此三者，以为文，不足。故令有所属：
见素抱朴，少私寡欲，绝学无忧。

如来说

真心
攀缘心
不思善不思恶
无我相、无人相
无众生相、无寿者相
苦海无涯，回头是岸

此章老子告诉我们要放下攀缘心，回归真心。

绝圣弃智，民利百倍。

“民”，指的是众生。我们每个人的身体里面有很多众生，各种各样的众生。这些众生，也就是老百姓，就是“民”。这些“民”，随着我们的心而动。六祖说“自心众生无边誓愿度”，就是这个道理。当人一旦从先天进入后天意识，有分别心以后，就产生所谓的“圣”和“智”。“圣”“智”，在这里都是指世俗见，并非出世间的胜义境界。它是一种我们去追求，或自以为很聪明、很伟大，甚至觉得自己是救世主的心理。越执着这种心理，越落入人机之中，离道越远，你的生命就无法与道相合。这时身体里的气机自然就随着人机，攀缘妄动，耗散精气神，我们身体里的众生绝不会得到利益，所以只有去掉这种世俗心理，“绝圣弃智”，才能够“民利百倍”。

绝仁弃义，民复孝慈。

同样地，“仁”和“义”更加落入后天，它是一种情，这种情更加让我们的生命耗散，不能回到道的状态，于是身体里的众生也不得安宁，失去了“孝慈”。所以只有去掉仁、义，“绝仁弃义”，民才能回到“孝慈”。

这里提请大家注意老子的文字和措词。在前一章里，经文里也提到了“孝慈”二字：“六亲不和，有孝慈。”虽然是同一个词，但由于不同篇章的语境不同，意思随即发生很大的变化。“六亲不和，有孝慈”，形容的是有分别、攀缘心的状态，而本章中，“绝仁弃义，民复孝慈”，则是形容去掉攀缘心，回归入道的状态。所以老子对文字的运用是非常灵活的，我们不能局限于个别的字眼，把文字看死了，这样很难理解经文。

绝巧弃利，盗贼无有。

“巧”和“利”，那就是明谋暗抢，更加落入后天人为，而且是心中充满贪、嗔、痴的状态。然而我们身体里的众生是随着心的变化而变化的，当我们以妄心追求圣、智、仁、义，乃至巧、利，去争去抢的时候，这些众生因为得不到利益，不复孝慈，进而随着你争抢的心理，变成了盗贼。我们现代人很多被癌症夺去生命，这癌症就是我们身体里的黑社会组织，这些组织和原来身体的组织不一样，不听原有组织的指挥，所以一去医院化验，就是原有的基因已经变异，就是老百姓变成了盗贼。所以必须要“绝巧去利”，才能“盗贼无有”。

最后老子总结：

此三者，以为文，不足。故令有所属：见素抱朴，少私寡欲，绝学无忧。

“朴”，即道，先天的状态，没有分别，没有圣智、仁义、巧利。圣智、仁义、巧利都是一种私欲，是后天的一种知情意，是一种对待。有不孝不慈，是因为我们老讲仁义，故欲消除不孝不慈，就要把它的对立面——仁义先消除。扩而言之，世间人讲究善恶，社会教育我们要善不要恶。实际上正是因为有善才有恶。当我们抑制恶的时候，善就出现，当我们追求善的时候，恶就在对立面产生，所以欲除恶，必须先去除善，这样恶也随之消灭，这就是老子的观点，这是从胜义谛的层面来讲的，禅宗所谓“不思善不思恶”，也是这个道理。老子提出这一点是向我们揭示，当人落在后天意识的追求中的时候、落在这种世俗谛的时候，一定有对立相待。当心中有“我”的时候，就有万物出现，就有他者，所以《金刚经》中说，一有我相，便有人相、众生相、寿者相。想要消除寿者相、众生相、人相，首先要消除我相，这四相一灭全灭，一有全有，它本身就是一种对待，相辅相生。

当然在世俗谛的时候，还是一定要“诸恶莫作，众善奉行”，而若欲回归先天胜义谛，首先必须要去除世俗谛的对待，否则是不可能回到道的。去除对待，首先不要追求私欲，因为私欲就是那个“我”相的产物。所以老子让你“绝”“弃”，“少私寡欲”，才能返本还原。以佛陀的话说，就是放下攀缘心，回到真心的状态。一旦回到真心，就是“见素抱朴”。

所以无论佛陀八万四千法门还是老子八十一章，讲来讲去，都是一个核心问题：真心与妄心的关系。我们要放下私欲，不要被妄心驱使向外攀缘，要反过来内观觉知。内观什么？觉知什么？觉知自己的一言一行是不是被攀缘心所驱使。这样渐渐回归自然的真心，所谓“回头是岸”。若被妄心驱使，随之而来的就是贪、嗔、痴，离道越来越远，生命的状态变成一片“苦海无涯”，无有出期。练习放下妄心，就是修行，这样返本还原，几近于道。于是，生命的状态慢慢回归到究竟本来，“常乐我净”。只有这种状态，才是生命真正的本质，故历代圣贤不断谆谆嘱咐，苦口婆心地告诫，以期后人莫再自取颠倒，执妄为真。

第二十章

老子说

唯之与阿，相去几何？善之与恶，相去何若？
人之所畏，不可不畏。荒兮，其未央哉！
众人熙熙，如享太牢，如春登台。我独泊兮，其未兆。如婴儿之未孩；傫傫兮，若无所归。众人皆有余，而我独若遗，我愚人之心也哉！沌沌兮！俗人昭昭，我独昏昏，俗人察察，我独闷闷。澹兮其若海，飂兮若无止。众人皆有以，而我独顽似鄙。我独异于人，而贵食母。

如来说

真心
妄心
放下屠刀
立地成佛

这一章老子以潇洒的笔触，描写了一个道者的风范。头尾两句，点出了本章的核心。头句，“绝学无忧”。“绝”，不要、去掉；“学”，学习。不要学习什么？不要学习后天的东西，去掉后天的东西。尾句，“我独异于人，而贵食母”。“母”，就是道；“贵食母”，守住道，守住本来。

头尾两句一合参，就知道老子是告诉我们，一个道者，“绝学”——把后天的一切，把这个世间、社会所在乎的一切，全部放掉。这与普通人完全相反，普通人都是追求世间的东西、社会的东西，所以道者是“独异于人”。因为放掉了后天，自然就返回到先天，回到道，如此，“贵食母”——住在道的状态，住在本来，无忧无虑。这就是本章的核心思想，实际上与前面篇章所说的道理是相通的。

头尾之间的词句，首先对世人的分别知见进行了批判，随后将世人和道者的状态进行对比。描写世人是如何追求世间的一切，而道者反之而行，显得好像非常愚蠢。

唯之与阿，相去几何？善之与恶，相去何若？

“唯”，恭维；“阿”，呵斥。恭维与呵斥，差异很大吗？善与恶，又有多大差异呢？这是描写由于后天意识的分别，所产生的一种对立，即上一章所讲，在世俗谛，从后天人机的角度来看，事物一定落入对待。世人不是执着这边就是执着另一边，但必须要知道，一旦我们执着一边，相对立的另一边就会出来，佛家称其为“着相”，由此生出无尽的烦恼。实际上，在胜义谛，从先天、道的角度来看，这一切对待没有意义，因为在道的境界分别意识根本不存在。

人之所畏，不可不畏。荒兮，其未央哉！

“荒”，荒唐；“央”，中心。众人所害怕的，你也跟着害怕，“荒兮，其未央哉！”——众生这种趋之若鹜的态度真是荒唐啊，心灵完全没有依止，找不到一个中心，根本不知道究竟怎么回事！

众人熙熙，如享太牢，如春登台。

“熙熙”，熙熙攘攘，形容人很多的样子；“如享太牢”，像赶圩一样；“如春登台”，像看唱戏一样。这是描述世人由于人机妄动，所以杂乱不安的状态。

我独泊兮，其未兆。如婴儿之未孩；儽儽兮，若无所归。

“泊”，透明、淡泊，“未兆”，没有发出一点后天意识，无念的状态；“如婴儿之未孩”，就像刚出生的婴儿，还未变成小孩；“儽儽兮，若无所归”，孤独闲散的样子，心中对任何事没有目的。这是形容一个道者，内心无欲无念，完全摒弃后天意识的影响，仅存在于先天的纯然状态中。

众人皆有余，而我独若遗，我愚人之心也哉！沌沌兮！

众人皆追求“有余”，因为在攀缘心的主宰下，欲求不满，贪得无厌，总想追求更多；而一个道者，“若遗”，好像丢失了什么，因为道者根本没有欲求，不去追求有余，在世人眼中他似乎一无所有。“沌沌”，混沌，混而为一，没有分别，没有欲求，没有计较得失之心，好像一无所有，一无所知，在世人眼中这样的人是最愚蠢的，“愚人之心”。

俗人昭昭，我独昏昏，俗人察察，我独闷闷。

“昭昭”“察察”，很聪明的样子，什么都知道，样样都在他眼里，心思精明缜密，事事要算计，这是一般的俗人之心。道者则反过来，像一个愚者，完全不动心机，别人看到都觉得他昏昏闷闷，傻傻笨笨。

澹兮其若海，飂兮若无止。

“澹”，透明、精湛，就像大海一样；“飂”，像风一样似有似无；“若无止”，却隐藏着一种涌动。这两句描述的是道境，就像佛家所说的大圆镜智，通透、博大，照显万物，心量如海；同时又很纯净，虽然有动但本质上是一种空性的状态。

众人皆有以，而我独顽似鄙。我独异于人，而贵食母。

众人都很聪敏，而我（道者）好像冥顽不灵、愚钝粗浅的样子。“母”，道；“食母”，合于道。道者，与众人背道而驰的状态相反，合道安住。

本章描述了人机与天机，人心与道心的差异。人心就是往社会性的、世俗的方向。道心抛弃这种欲望，回到本来，是一种回归、放下。所以老子所说的与释迦的思想一模一样，归根到底是一个攀缘心与真心的问题，一个拿起屠刀还是放下屠刀的问题。修道，就是放下攀缘、放下人机、放下屠刀，只要放下便能回归我们的本来，也就是道，此即佛门中说“放下屠刀，立地成佛”。

第二十一章

老子说

孔德之容，惟道是从；
道之为物，惟恍惟惚。
惚兮恍兮，其中有象；
恍兮惚兮，其中有物。
窈兮冥兮，其中有精；
其精甚真，其中有信。
自古及今，其名不去，以阅众甫。
吾何以知众甫之状哉？
以此。

如来说

大圆镜智
妙明真精
如来藏
正遍知
般若波罗蜜
法界慧海
照了诸相
犹如虚空

本章描述一个修行人见到的道是什么样的。可与第十四章结合起来互参。

孔德之容，惟道是从；

“孔”，大，涵盖了天地、宇宙；“德”，德性；“孔德”，大德，即一个修行得道之人。“孔德之容”，一个大修行人的容貌——他的行为是怎么样、品德是怎么样呢？“惟道是从”，合于道，以道是从，除此之外再无其他。

接下来描述入道的状态。一个大修行人与道相合之后是什么样的呢？

道之为物，惟恍惟惚。惚兮恍兮，其中有象；恍兮惚兮，其中有物。

道这个东西，你若说它是个东西，却又“惟恍惟惚”。这里的“恍惚”不是我们现在说的精神恍惚、糊里糊涂的意思，而应参照第十四章来理解，即道好像是个东西，但又“视之不见、听之不闻、搏之不得”，以见闻觉知没有办法把握到，是“无状之状，无物之象，是谓惚恍”。所以“惚兮恍兮，其中有象；恍兮惚兮，其中有物”，“惚”，突然好像有什么东西；“恍”，一种空性大光明，心灵进入一种自在的境界；这时，其中有象有物，这就是佛家所说的大圆镜智的境界，心境于一片透彻精湛、空性光明中，照显万物，即《圆觉经》上所描述的“法界慧海，照了诸相，犹如虚空”。

窈兮冥兮，其中有精；其精甚真，其中有信。

“窈”，幽静；“冥”，深奥；“窈兮冥兮”，进入比恍惚更加深邃的境界，佛家叫作“深入禅定”。此时“其中有精；其精甚真，其中有信”，此处所描述的即《楞严经》上所说“妙明真精”，此妙精明于天上地下乃至十方三世一切无所不知，是一种正遍知的状态，即老子说的“信”。

最后老子做出结论：

自古及今，其名不去，以阅众甫。吾何以知众甫之状哉？以此。

从古到今，这个道从未消失过；“以阅众甫”，遍知一切。“吾何以知众甫之状哉？”我（道者）如何能够不论过去、现在、未来，无所不知呢？“以此”——就是因为能进入道之中，深入如来藏，慧照一切。这就是第十四章所说的：“执古之道，以御今之有。能知古始，是谓道纪。”

本章与第十四章遥相呼应，都是描述道。

第十四章是向外走的、从世人的角度来看道，即以眼耳鼻舌身意来揣测道，这是根本无法了解、根本体会不到的。因为道无形无相，故说“视之不见、听之不闻、搏之不得”“绳绳不可名，复归于无物，是谓无状之状，无物之象”“迎之不见其首，随之不见其后”。

本章则是从一个大修行人的、内观的角度来描述道，那么他所见到的道，是惚恍恍惚、窈冥深邃的。所以若欲修行见道，首先要放下对世间一切有形的执着，放下分别、揣度这种“众人察察”的小聪明，否则是根本无法入道的。只有放下，要“我独闷闷”，才能进入“恍兮惚兮”的状态，进而更加深入“窈兮冥兮”，直至深入道境。此时你所证得的是一种光明普照的智慧，这是道的功德，“孔德”，是“绝学无忧”的上上智，是彼岸的智慧，《心经》所谓“般若波罗蜜”，绝不是此岸的世间聪明、知识可比拟。

第二十二章

老子说

曲则全，
枉则直，
洼则盈，
敝则新，
少则得，
多则惑。
是以圣人抱一为天下式。不自见，故明；不自是，故彰；不自伐，故有功；不自矜，故长。夫唯不争，故天下莫能与之争。古之所谓曲则全者，岂虚言哉？诚全而归之。

如来说

放下屠刀
立地成佛
无我
无人
无众生
无寿者

本章描述了修行最重要的无我之法，其要点在于以下三句："曲则全"；"夫唯不争"；"古之所谓曲则全者，岂虚言哉？诚全而归之"。

曲则全，

世间一切众生最为执着的事，是有一个"我"。这个"我"的特点，就是不曲，善于斗争，一点委屈就受不了。有了这个“我”，心中就立起了一把无形的屠刀，对外砍别人，与之斗争，对内砍自己，永不屈服。而且这个“我”执，随着年龄的增长，会越加严重，用现在的话叫“自我意识的膨胀”。在这种自我膨胀中，我们只会不断地向外斗争，向外扩张，拼到底、打到底，然后死了就算了。在我们的理念中，“曲”，也就是“不争”，是不可能的。“曲”，就是放下屠刀，放下一切执着，放下心中那个大大的“我”。一旦放下我执，“则全”，就能和万物相应，就能周全，就能觉知真相。但世人根本不相信这一点，于是老子语重心长地指出：“古之所谓曲则全者，岂虚言哉？”——“曲则全”难道是假话吗？不是假话啊！“诚全而归之”，只要你能做到“曲则全”，放下自我，就能够回到本来，回到道中了。

中国道家的太极拳最能体现“曲则全”这句话的精神。“曲”在太极拳中的体现就是放空、无我，事先没有任何想法，所以整个人的状态是圆融的，不落端，无形而柔和。当你用所有的力量打过来，他是空的，无我，根本不和你争，与你不黏、不离，不追、不随，不丢、不顶，只是迎接你，和你依附，和你同步，最后引劲落空，“全而归之”。这就是道家文化在拳术上的引入。实际上从心灵的角度来看，太极拳心法的境界比拳术本身更高一筹，它完全是空掉的，然后和万物所接触的时候是任任无为，随遇而安，非常自在，也就是本章所描述的无我的境界。

枉则直，洼则盈，敝则新，少则得，多则惑。

接着列举了一系列对待，这是描述世间执着有“我”的人见，因为只要有我见，就一定会落入对待分别。《金刚经》上说，我相、人相、众生相、寿者相，只要有一个“我”，就有他人，有众生，一切分别相皆因执着有“我”而生。

是以圣人抱一为天下式。

出世间的圣人不执着有“我”。在道境中，像一个无比广大周圆的明镜一般，穷尽天下万象而不落分别，并且与万物相应相合，故能“抱一为天下式”。

不自见，故明；不自是，故彰；不自伐，故有功；不自矜，故长。

“不自见”“不自是”“不自伐”“不自矜”，均是对无我的状态的描述，因为无我，所以有“明”、有“彰”、有“功”、有“长”(zhǎng)。反过来说，若自见、自是、自伐、自矜，就是自我膨胀，所以便无明、无彰、无功、无长。修行，要在处理一切事物乃至一切行住坐卧中，不自见、不自是、不自伐、不自矜，也就是时刻无我，这是修行的法要，要随时检查、调整自己的心，看看它是否执着于自我。

夫唯不争，故天下莫能与之争。古之所谓曲则全者，岂虚言哉？诚全而归之。

前面讲到圣人能够抱一为天下式，而我们世间人为何不能抱一呢？因为人我分别，有了人我分别就有争斗。一个道者逆世俗而行之，心中无我，自然不去争斗，“我”都没有了，谁去争呢？天下亦没办法与之相争，“我”都找不到了，天下和谁争呢？所以最后总结，“古之所谓曲则全者，岂虚言哉？诚全而归之”，再次强调“曲则全”，也就是无我的重要。

本章所讲的无我之法，概括地说，就是佛家所说的“明心见性”，只有明心见性才能够真正无我；详细地说，就有一层层的很多修行的境界，因为我们现在已经是众生的状态，执着有个我、执着有生死，而且贪生怕死，为了生存内心充满斗争，贪、嗔、痴遍满，要想无我就必须一层层地剥掉这些心中的尘垢。

那么什么是“我”呢？事实上，从古到今全世界人类对生命之我的认知模式，是以肉体为首要标准而建立的。肉体有两个端口，即普通所说的饮食男女，吃进去入口，生孩子出口，加上大小便排糟粕，西方科学叫作新陈代谢。人类为了肉体生存，不能让新陈代谢断掉，必须要有东西来养它，所以首先要吃。其次要有男女行为延续这个生命之我。接下来除了“我”之个体，还要和万物产生关系，普通叫作社会。社会有三样东西：福、禄、寿。福就是利，物质利益；禄就是当官，或者说有权力，要能控制、管理；寿就是这个生命不要生病。道家说，这三座大山挡在所有人的门口，子子孙孙挖下去，这三座大山越挖越大，没有哪一家不在挖。而且往往父亲们都说，“我的儿子比我厉害”，都希望自己的儿子比他挖的水平更高。与此同时，在这个挖掘过程中因为太枯燥了，于是产生文化作为安慰剂，比方诗歌、艺术等，安慰一下，然后继续依照模式继续挖，直至死去。每个国家都一样，每个人都一样，天天玩这套模式，愚公移山讲的也就是这个事情。

修道，则是摒弃世间这套以肉体为标准、追求福禄寿的生存模式，摒弃生命之小我，回归智慧之大我。因为肉体必定消亡，有生一定入死，如此循环往复，堕落轮回苦海，毫无意义，绝不是宇宙之真理。那么如何修呢？——无我。

无我，先从不执着肉体开始。只要有这个肉体你就跑不掉，老子所谓“吾之大患为吾有身”，一定是在肉体上转。怎么超越肉体呢？首先要控制新陈代谢。印度古代的瑜伽术，就是以炼气来控制这个新陈代谢，道家亦如此，这是以修身为主，是命功。从炼气，进而忘身，再进一步，达到超越肉体，这就是初步的无我了。此时相对来讲，比一般人要自由一些，有点接近仙人的境界，最高可达到《黄帝内经》所说“聚精全神，神游八极，视听八达之外”的中古真人之境界。

然而肉体的“我”没有了，却还有一个气的“我”，即所谓“阳神”，这样依旧不究竟，因为你还是有我相，只要有我相，你就落对待，就不是真正的自在，所以必须再进一步，利他忘我，真正与道合一，这是炼心，和前面控制气时的初步无我是两个不同的境界。《道德经》中很多章反复强调去掉后天人机回归先天道心，或佛家所说的去掉攀缘心守住真心，就是教我们炼心。这是修性，性功。如此修心直至永断无明，亲证无生法忍的境界，便是《心经》上所说的“观自在”，真正得大自在了，也就是《黄帝内经》中所说的“至人”，亦是庄子所说的“至人无我”的真义。所以不论佛家还是我们中国传统的道家，其精神核心均是教化世人返还本来，这个本来，不生不灭、不垢不净、不增不减，金刚不坏而能生天下，是宇宙万有的究竟真理。而返还本来的方法，就是无我之法，除此之外，再无其他。

第二十三章

老子说

希言自然。

故飘风不终朝，骤雨不终日。

孰为此者？天地。

天地尚不能久，而况人乎？故从事于道者，同于道；

德者，同于德；失者，同于失。

同于道者，道亦乐得之；同于德者，德亦乐得之；同于失者，失亦乐得之。信不足焉，有不信焉。

如来说

观自在

诸行无常

物来则应

过去不留

希言自然

“希言”，把我们心中的言语都放下，妄心、攀缘心都放下；“自然”，返还到本来，处在自在的状态，即《心经》的“观自在”。所以我们之所以进入不到自然，是因为心中的言语太多，落入后天，进入不了先天无为的境界，所以首先要“希言”，这是本章的核心，是修行的方法。

接着，老子以天地来比喻道：

故飘风不终朝，骤雨不终日。孰为此者？天地。天地尚不能久，而况人乎？

“飘风不终朝”“骤雨不终日”，形容有为法徒有其相而无法恒久，生灭轮转，诸行无常。即使是天地，其有为法尚且不能久，更何况人呢？我们随着心中的欲望，在这个红尘中努力奋斗、疲劳奔走，碌碌一生，但这一切最后都将消灭，不可能长久。天地都做不到，何况人呢？这是老子要我们放下。

那么无为法，也就是一个道者的风范，又是怎样的呢？特别是在入世的时候是如何的表现呢？这里要注意，老子说“放下”，不是不生活、不应世，而是要我们释放心灵，去掉内心的执着，所以他开始教我们怎么在不执着的同时又能应世：

故从事于道者，同于道；德者，同于德；失者，同于失。同于道者，道亦乐得之；同于德者，德亦乐得之；同于失者，失亦乐得之。

这几句描述的是一种“玄同”的状态，即内心没有任何分别，处在一种空灵中，心里不装任何言语，应万物的时候以众生之心为心，不管这个众生是有德、有道、有得、有失，只是像镜子一样，来什么照见什么，去了也不执着，“物来则应，过去不留”。

信不足焉，有不信焉。

第一个“信”，指信息，第二个“信”，指相信。在入世“玄同”的过程中，你的信息一定要很真实，好像镜子照得不完整，信息量不够，那么就不能真正应万物，无法和万物同步。这是一个修行境界的问题，即你的心量是否能够真正达到空，达到无我，不去投射你的意识。当你心中还有“我”，还有言语，就一定向外投射，于是得不到真实的信息，无法完整地照显万物，内心无法和外物同步，就有不信。反之，你若能信足而有信，与万物同步，就能够“和光同尘”(第五十六章)。

第二十四章

老子说

企者不立，跨者不行。
自见者，不明；自是者，不彰；
自伐者，无功；自矜者，不长。
其在道也，曰余食赘行。物或恶之，故有道者不处。

如来说

俱生我执
诸法无我
远离于我
及离我所

本章可与第二十二章互参，老子再次强调了无我之法。

企者不立，跨者不行。

“企”，单脚站立、金鸡独立；“跨”，大跨步、跑着走。这都是比喻过于有为的、不自然的行为，这样不自然的状态是持续不了多久的，单脚站很快就站不住，大跨步很快就走不动的，所以说“企者不立”“跨者不行”。

自见者，不明；自是者，不彰；自伐者，无功；自矜者，不长。

我们过于有为的原因，在于内心的自我意识的膨胀，即佛家所说的“俱生我执”，有了我执一定会“自见”“自是”“自伐”“自矜”。在这样的心态下，其所作所为是“不明”“不彰”“无功”“不长”，是没有任何意义的。

其在道也，曰余食赘行。

“其”，即我执；“余食赘行”，多余的食物、累赘。对于一个道者来说，这种我执，是一种累赘，好像带着个瘤子走不动的感觉，是多余的。佛陀在《大乘本生心地观经》中告诫文殊菩萨，要“远离于我，及离我所”，也就是要去掉我执，更不要被这个所谓的“我”驱使，去追求它所执着的东西。

物或恶之，故有道者不处。

“物”，有灵性之万物。不论是动物还是人，世间生灵都会厌恶这种自我膨胀，所以，有道的人是绝不会执着自我的。

第二十五章

老子说	如来说
有物混成，先天地生。	不生不灭
寂兮寥兮，	不垢不净
独立而不改，周行而不殆，	不增不减
可以为天地母。	无所从来
吾不知其名，	亦无所去
强字之曰道，强为之名曰大。	如来
大曰逝，逝曰远，远曰反。故道大，天大，地大，王亦大。域中有四大，而王居其一焉。人法地，地法天，天法道，道法自然。	善逝

《道德经》八十一章，如果按照内容来划分，可以分为两大类：其一，展现道，直接描述本体；其二，展现道的德性，描述本体的体性功能。本章是第一类，直接描述道。

有物混成，先天地生。

开篇，老子说“有物”。此处的“物”与现代哲学所说的唯心唯物的“物”，是两个完全不同的概念。现代哲学唯物论的“物”，指的是具体的物质；而老子所说的“物”，是泛指，表达一种存在。“有物混成，先天地生”：有一种存在，天地还没有之前，它就在了。这个“物”有什么特点呢？

寂兮寥兮，独立而不改，周行而不殆，可以为天地母。

“寂兮寥兮”，很静，很空；“独立而不改，周行而不殆”，“独立”“周行”描述它有自己的体性功能，同时其本体“不改”“不殆”，本体从没有改变、消减过。这两句话，换成佛陀的语言，即“不生不灭、不垢不净、不增不减”，“无所从来，亦无所去”，“如来”“善逝”，实际上都是描述本体从未改变、永恒持久的状态和特征。而且，这个存在，“可以为天地母”，连天地都是它生出来的。

吾不知其名，强字之曰道，强为之名曰大。

我不知道它叫什么，只能起个名字叫“道”，勉强称之为“大”。

大曰逝，逝曰远，远曰反。

道，其体性功能的运作，是有周期性的，是一种类似圆周的运动，远去了又回来，形成一圈，叫“反”，事实上是周行的意思。但是这个远去，可以很远，大到无边，小到无内。在这样一种体性功能的作用下，天地万物都是按照这个方式在运动，我们的古人就画了一个太极图，来揭示这个根本规律。

接下来，老子的描述进一步具体化：

故道大，天大，地大，王亦大。域中有四大，而王居其一焉。

“域”，就是所谓的空间，体性功能的周行运动产生了空间，这个空间中，有四大，“道”“天”“地”“王”。“王”，就是人，但是，这个人并不是一般的普通人，而是通天通地通人的人，或者说，是一位道者，称为“王”。

人法地，地法天，天法道，道法自然。

道、天、地、人，四大之间的关系，是“人法地，地法天，天法道，道法自然”。“法”，不是效法，而是被……命令、被……主宰的意思；“人法地”，不是说人要效法大地承载万物、大公无私的意思，要注意老子的《道德经》是指出有形与无形的规律，并不是教你怎么样做人，或者说教你如何具有善良美德，不是从这个角度去解老子。他是超越崇善抑恶这种世间法的人见，描述胜义谛的境界，是道见——他所洞见的景象。所以“人法地”意思是，人是被地所主宰的，地完全控制人，本来就是这样，由不得你效法不效法，不需要人心的意见，这是一种自然的规律，天地之间、道与人之间，本来就存在着这么一个关系，我们人有这个肉身，你就跳不起来。“地法天”，地，是被日月星辰所主宰的；“天法道”，日月星辰被道所主宰；“道法自然”，道，是一种无形的能量，是一种场（相对来讲），没有什么来主宰它，它是按照自己的样子来运动，叫“自然”，法于自然，所以道才是根本，是真正自在的。

那么在这四大关系中，人虽然是排在最末的，但是人可以修行，成为王，达到天、地、人三者贯穿，通天、通地、通人，懂得天地人一切的规律。这就是《阴符经》告诉我们的：“观天之道，执天之行。”懂得了天地的规律，通晓于心，故能随顺天地，这样是真修行。并不是去效法，效法是人机，太有为，与道相远。《阴符经》又说：“人，万物之盗；天地，人之盗。”也就是说，如果我们了解了天地，人就变成万物之盗，所以能够“食其时，百骸理”，就懂得吃时间，懂得利用天地和万物来修行。若不能通天、通地、通人，不知道时间、万物、天地的规律，反而会被它们所盗——耗费我们自身的心意识与精气神。所以老子是描述这个修行的道理，要了解天地人，然后通天地人，然后才成为王。成为王之后，可以与道相合。

上述四大的划分，是从有形的角度来讲；若是从无形的角度来讲，四大是一体，没有分别。以佛法来说，就是自性。所以佛说：“一粒粟中藏世界，半升铛里煮山川。”小可以含大，大可以含小，有一种互融性。一旦天、地、人、道四大融为一体，我们就跳出个体、肉体的人的角度，到达真正无为、无我，超越了被天地所控制的状态，进入到与道相合的境界，这才是一个王者所应该做的。所以这个王，不是世间帝王将相的王，而是内圣外王，是我们的修行达到天、地、人三合，更与道再相合，内圣以后，自然展现出来外王，这也是老庄思想的特点。

本章末句，与第四十二章首句，可以组成一副很好的对联：

道生一一生二二生三三生万物，

人法地地法天天法道道法自然。

上联是顺行的规律，道生出万物；下联是逆修的规律，从万物回归到道，由此可以了解吕洞宾所说“顺为凡，逆则仙，只在中间颠倒颠”的寓意了。

第二十六章

老子说

重为轻根，静为躁君。
是以君子终日行不离辎重。
虽有荣观，燕处超然。奈何万乘之主而以身轻天下？轻则失根，躁则失君。

如来说

自性
攀缘心
行住坐卧不离本来
于第一义而不动

重为轻根，静为躁君。

第一句我们可以从心与身、性与命的角度来理解。“重”，相当于我们的肉体、身体；“轻”，相当于身外之物，外界的环境，或者说能所的所。“静”，就是自性、真如；“躁”，就是攀缘心。所以这一句的意思：相对于外物来讲，我们的身体是根本；相对于攀缘心来讲，自性是根本，自性是攀缘心的君，攀缘心是自性的用。

是以君子终日行不离辎重。

“辎重”，储备的粮草，在这里是比喻我们的自性本来。一个圣人，终日不论做什么，都不忘他的本来，处在道中，守住本心，于第一义而不动，这是一个道者源源不断的资粮，禅门所谓“行住坐卧不离这个”，就是不离本来。

虽有荣观，燕处超然。

“荣观”，指豪华的住所，比喻纷繁的外境。有豪华的住处，仍旧燕处超然，不为所动，就是说一个圣人，不会为外境所转，心性超越红尘所累，不执着于声色犬马，不着相。

奈何万乘之主而以身轻天下？轻则失根，躁则失君。

“万乘之主”，人就是万乘之主，并不一定理解成皇帝，我们每一个人就是万乘之主，主宰着所有万物的生命。奈何世间人都是反过来的，为了追求外在的荣华富贵，为了追求世间的声色，而耗散自己的身家性命，甚至连自己的本来都忘了。这就叫“轻则失根，躁则失君”，追求外境，耗散自己的身体、精气；跟着攀缘心到处折腾，而丢失了自己的本来。

第二十七章

老子说

善行，无辙迹。
善言，无瑕谪。
善数，不用筹策。
善闭，无关楗而不可开。
善结，无绳约而不可解。
是以圣人常善救人，故无弃人；常善救物，故无弃物。是谓袭明。故善人者不善人之师，不善人者善人之资。不贵其师，不爱其资，虽智大迷，是谓要妙。

如来说

菩提心
所有一切众生之类
我皆令入无余涅槃而灭度之
实无众生得度者

本章描述了胜义谛与世俗谛的关系。

善行，无辙迹。善言，无瑕谪。善数，不用筹策。善闭，无关楗而不可开。善结，无绳约而不可解。

“善”，就是道，老子描述了五种状态来比喻它启用时的样子：行而无辙迹、言而无暇谪、数而不用筹策、闭而无关楗不可开、结而无绳约不可解。意思是说，道在启用时，就好像行而没有痕迹；

言而没有是非、过失；数——能够掌握信息而不需要揣度、算计；好像不用门锁而能关闭的无门之门；好像不用绳索而能打结的无结之结。言下之意，道，是一种空性，无为法，无招胜有招，所以从有为法来看，是无法追踪它的痕迹，无法评断它的是非对错，无法把握它的方法、模式，无法以有为法来开启它的门径、去解开它的绳结的，这是胜义谛的境界。反过来，若不善，也就是我们未入道的凡夫、世俗谛的境界，就是行有辙迹、言有瑕谪、数用筹策、门有关楗而可开、结有绳约而可解。所以老子在这里描述的是胜义谛，无为而治，无为法的状态，通过老子的比喻，我们知道了胜义谛的无为，反过来可以认识到自己所处的是一种世俗谛的有为法中。胜义谛的境界、道的境界，是一种自然，只有自然没有痕迹，是一种连贯的状态。一旦进入到可道、可名这种有方法可为的世俗谛境界，就是一种使然，一定有痕迹。所以胜义谛中，没有痕迹、瑕谪、筹策，无所谓开与解，我们之所以看到这种痕迹、瑕谪、筹策等等，是因为我们局限于世俗谛，使用的是攀缘心、是后天意识，用的是后天有为的东西。

接下来三句描述一个道者，入道之后，自然会生出一种菩提心的状态：

是以圣人常善救人，故无弃人；常善救物，故无弃物。是谓袭明。

这就是佛陀在《金刚经》中所说："凡所有众生我皆灭度之。"所谓"灭度"，或者说老子所用的语言"救人""救物"，其含义是令其从后天返还先天，从世俗谛返还胜义谛。一个圣人，他已经证入胜义谛的境界，然后教化局限在世俗谛的众生也能转化到胜义谛，叫作"凡所有众生我皆灭度"。所以不管是什么样的世俗众生，不论人还是动物，不论胎生、卵生、湿生、化生，都让它返还到胜义的状态，这就是菩提心的表现。这样叫作“袭明”。

这种“袭明”，或者说菩提心的展现，有两个层面。

第一个层面是慈悲，即“凡所有众生我皆灭度之”。老子一贯以来都很有慈悲心，这在《道德经》中多处均有体现，仅从他为了描述本不可说也无法言说的道，从各个角度，不厌其烦、尽可能全面地用八十一章的篇幅来阐述道，来教化世人，就可以看到老子的慈悲。在第六十七章老子明确指出“吾有三宝：一曰慈，二曰俭，三曰不敢为天下先”，强调了一个道者，第一个就是慈悲心，是这样一种圣人的心境，这是菩提心的第一个层面。

第二个层面是空性，通过释迦牟尼对于菩提心所下的结论可以得知：“实无众生得度者。”也就是说，菩提心，是以空性为其根本，而以慈悲为其展现。所以“凡所有众生我皆灭度之”，但是，“实无众生可度”。所以谈到菩提心的时候，概括来说，若侧重讲空性，即没有分别、不执着；若侧重讲慈悲，就是普度众生，就是使其从世俗谛转化到胜义谛。因为我们本身都是凡夫，需要修行来转换，从迷到觉，返本还原。那么在本章中，老子在前五句所描述的胜义谛，就是强调菩提心以空性为本的这层含义，接下来是对慈悲度众生的这一层含义进行阐述。

故善人者不善人之师，不善人者善人之资。

“善人”，就是已经证得胜义谛境界的人，“不善人”，就是尚处在世俗谛还未达到胜义谛的人。这是描述胜义谛与世俗谛的关系。胜义谛一定是世俗谛之“师”，相当于之前的章节老子所说的，“道为天地母”“道为天地根”“万物生于有，有生于无”，就是表示胜义谛是世俗谛的根本。“不善人”，是胜义谛的“资”，即世俗谛是修行胜义谛的资粮，通过修行，世俗谛可以转化到胜义谛，也是胜义谛所度的对象。

不贵其师，不爱其资，虽智大迷，是谓要妙。

“不贵其师，不爱其资”，就是根本不懂世俗与胜义的区别，更不懂得胜义和世俗之间的关系，没搞清楚自己怎么回事，怎么样是胜义的，怎么样是世俗的，没有概念。“虽智大迷，是谓要妙”，即就算是再聪明，聪明绝顶之人，也不过是世间智，你还是一个迷者。因为世间聪明，就是我们平时用的攀缘心，攀缘心是一种处在世俗的状态，所用的都是阴六根，眼、耳、鼻、舌、身、意，是后天意识，根本不能返还到先天的状态，不能回到道的状态。所以，这里老子是再次重申本心与攀缘心的问题，即佛陀在《楞严经》上所提出的真心与妄心的问题，而且老子在这里告诉你要转化，这就是修行。所以想要了脱生死，所谓“跳出三界，不受轮回”，那就必须从世俗谛转化到胜义谛。

第二十八章

老子说

知其雄，守其雌，为天下溪。为天下溪，常德不离，复归于婴儿。
知其白，守其黑，为天下式。为天下式，常德不忒，复归于无极。
知其荣，守其辱，为天下谷。为天下谷，常德乃足，复归于朴。
朴散则为器，圣人用之，则为官长，故大制不割。

如来说

化身
法身
报身
三身成就

本章阐述了修行的不同层面及其方法，可分为四段。首段：

知其雄，守其雌，为天下溪，为天下溪。常德不离，复归于婴儿。

这一段是讲炼气，即命功的修炼。“雄”与“雌”，从道家来讲，就是阴阳男女。如吕洞宾所描述的“壶中配坎离”：坎，坎卦，主中男；离，离卦，主中女，这是描述一种阴阳配对。在佛法中，这个阶段相当于密宗拙火的修炼。拙火，是通过炼气来启动人体中，轮与轮（即三脉七轮之七轮）之间的交流。七个轮在上下之间，都互为一对阴阳，下轮产生好似太阳一般的雄性能量，熊熊烈火；上轮产生犹如月亮一般的雌性能量，寒冽若冰。当下轮燃烧时，上轮的冰化作点点甘露向下滴，形成一种阴阳的交织，如此炼去，会产生新的明点，明点之中是有图像的，可以看到佛像或者一个婴儿的样子等。乃至我们看到密宗很多双身像的佛像，都是佛法中一些具体的属于雌与雄，即修炼命功层面的内容。道家在实际的修炼中对此也有详细的方法，比如“壶中配坎离”。这种坎离相交，首先可能表现为心肾的相交，心肾就是一对阴阳，阴阳相交的位置，称为丹田。丹田可以移动，有上、中、下三个丹田，有时候可以是上丹田与下丹田的相交，有时候也可能是中丹田与下丹田的相交，这其实与密宗的七轮相交是一个道理。如此炼去，道家有所谓“结丹”，丹中炼出婴儿，即老子所说“复归于婴儿”。那么这是从炼气，即命功的角度进行阐述。当一个修行人处在这一层次时，他所修炼的是相当于佛说的“化身”。

第二段：

知其白，守其黑，为天下式。为天下式，常德不忒，复归于无极。

这一段是讲炼神，即性功的修炼。道家讲“神”，有识神和元神两种，“知其白”，就是识神的境界，“守其黑”，就是元神的境界。若从佛法来看，首先从定慧来讲，“知其白”，就是慧，“守其黑”，就是定，定慧双修；又从止观来讲，“知其白”，就是观，“守其黑”，就是止，止观双运。这是炼神的层次。当黑白相交，达到完全的融合，那么就消除了对待，进入到一种“不忒”的状态。所谓“不忒”，就是没有毫厘的差别，达到无极，没有极限，小而无内，大而无外，里面没有黑，外面也没有白，一种没有任何瑕疵的状态，完全光明，照见一切，即佛陀正遍知的状态。当一个修行人处在这一层次时，就消除了对待，他所修炼的相当于佛说的“法身”。

第三段：

知其荣，守其辱，为天下谷。为天下谷，常德乃足，复归于朴。

这一段讲我们的身心与外界一切物质的关系。我们这个身心与外界一切的物质，是一种荣辱的关系。“荣”，即身心对世间物质具有能够把握的能力，“辱”，不执着这种对世间物质的把握力。也就是说，知道身心可以把握物质世界，但是并不执着，反而把自己放得很谦卑，从而达到“天下谷”的状态。“谷”，空谷，比喻一种空性，就是回到本来的状态。处在这种状态中，就像百川汇流一样，天下的东西都装到它这里来。这样才能博大，才能恒久，才能入道。一旦入道，整个生命状态就回归到“朴”。“朴”，没有分别，没有任何世俗谛的知见，自然不做作，处在胜义谛、智慧光明照见一切的境界。这是描述个体与世间万物的关系。当一个修行人处在这一层次时，他所修炼的是相当于佛说的“报身”。

第四段：

朴散则为器，圣人用之，则为官长，故大制不割。

“朴散”，指道的起用。前面描述了修道的不同层面和方法，那么入道之后，反过来，必须要应世。应世又是如何呢？内圣外王。

内在已经回归到朴，“内圣”，外在必然成王，“外王”。所以“圣人用之，则为官长”，入道之后，只要你起用，就是王。这就是佛的名号“大雄”的含义。庙子上释迦牟尼佛所在的殿都叫作“大雄宝殿”，就是形容达到了一切都是本体所造的这样一种境界，“天上地下唯我独尊”的境界，这是一个内圣外王的大我，“大制不割”，与道相合，与本来同在。当一个修行人处在这一层次时，是法、报、化三身成就的境界。

老子在本章描述了修行的四个层面及修行方法："天下溪""天下式""天下谷""朴散则为器"。这相当于是佛法关于法、报、化三身修炼及其成就之法要的精练版，文字精练是中国传统文字运用的特点。其所描述的三身之化身，就是应化众生，要展现出这种成就境界，必须要有报身和法身做基础。所以“常德不离”“常德不忒”，然后才能“常德乃足”，进而“圣人用之”，进入应世的境界。当三身成就后，回转来应世，便是庄子所说的“应帝王”，一旦应用，则为帝王师，也就是老子所说“圣人用之，则为官长”，亦即佛的名号“天人师”“世尊”，小到平民、大到皇帝甚至天人，都是他的学生。本章的内容亦透露出老子的修为深不可测，已然是证入法、报、化三身成就的境界。

第二十九章

老子说

将欲取天下而为之，
吾见其不得已。
天下神器，不可为也，不可执也。
为者败之，执者失之。是以圣人无为，故无败；无执，故无失。
夫物，或行或随，或歔或吹，或强或羸，或载或隳。是以圣人去甚，去奢，去泰。

如来说

一切有为法
如梦幻泡影
应无所住而生其心

本章描述了一个道者应当如何入世修炼。

将欲取天下而为之，吾见其不得已。

“天下”，指的是世间；“将欲取天下”，作为一个道者，在世间要应万物。道者应物，不是一种欲望，也不是很开心、很努力地去做一件什么事情，他完全是一种应，随缘应化，是一种不得已而为之，所以说“吾见其不得已”，即吕洞宾所说：“真常须应物，应物不要迷。”所以入世时，必须应万物，而应物是不迷，处在随遇而安的状态。也就是《金刚经》说:“应无所住而生其心。”他是不得已而为之，所以他是不住的，生这个心的时候，是不住、不执着在上面的。

天下神器，不可为也，不可执也。为者败之，执者失之。

“天下”，就是世间;“器”，就是物质。这个物质世间，即佛陀所说的“器世界”，是我们众生的共业所生，是由我们众生的心生出来的，心藏神，所以叫“神器”。这个纯粹由心生出来的器世间，是不可为、不可执着的。如果我们在这个器世界，想要成功什么，有为地想要获得什么，肯定是失败的。一切财物、亲友，甚至这个身体，没有一样能把握得住，每一样东西最终都要归于消灭，因为这个器世间是妄心所生，众业所生，是我们人类共同的业力生出来的，是“梦幻泡影”。所以不可为，不可执，为者必败，执者必失，由此在无尽的烦恼、痛苦中轮回。

是以圣人无为，故无败；无执，故无失。

一个道者，应物而不迷，不会去有为地、执着地面对这个世界，所以自然就无所谓败、无所谓失，一切有为法对于他来说是梦幻泡影，所以能够跳出轮回，永离烦恼，究竟解脱。

夫物，或行或随，或歔或吹，或强或羸，或载或隳。

所以我们要知道，一旦执着在器世间，一旦把这个如梦幻泡影一般的器世间抓得很牢，那就落端。因为这是器世间的必然法则，它有两端，是相对的，有对待的。执着一边，另一边就等着你。所以“行”“随”“歔”“吹”“强”“羸”“载”“隳”，就是描述器世间相待变化的状态，终是虚妄的。

是以圣人去甚，去奢，去泰。

“甚”，过分；“奢”，过多；“泰”，过大。圣人应世，不会有太过、太多、太大等过于有为的状态，因为圣人有道，他不会落端或执着于哪一边，他是无为而治。一旦有为就容易出问题，容易迷，一迷就变众生，众生就是执着。所以和佛陀所说的一样，告诉我们要放下，让我们不要执着，从世俗谛回到胜义谛，从使然、有为，返还到无为自然，回到本来。

实际上《道德经》八十一章，章章都是围绕“放下，回到本来”这个主旨在讲。这个主旨由第一章提出来，后面八十章全部是对第一章的解。我们对后文的理解如果偏离了这一主旨，肯定就不是《道德经》的本意。老子苦口婆心地反复阐述这一点，是让我们可以从每一个角度去理解，理解到你脑海里再也忘不掉要如此去修。否则一旦偏离这个主旨，就修错方向。因为老子非常清楚，在返还、修行的过程中，人性是很难放下的。我们来到世间轮回已经太长时间，无始劫来所积累的习性太重，所以人性很自然就恨不得找个什么东西抓，就是放不下。然后总是认为有个“我”，那个“我”根本就不存在，但你就是理解不透。最关键就是那个“我”在作怪，只要你心底深处还有一个“我”，你就跑不掉，你就被它牵着转，马上有对立面，马上就有个境，一有个境，就容易向外投射。所以老子怕你执着这个东西，他就说“朴”，“朴”，是已经归真，没有眼、耳、鼻、舌、身、意这六入，入就是已经投射了，向外去抓了。那么总是有为，总是执着，总想追求，总想抓取，我执又那么重，怎么回得去？回不去了。实际上这很简单，非常简单——放下，随遇而安。但是你就做不到。所以老子反复地阐述，使我们懂得要放下、返还，而不要执着。本章是讲，在应世的时候，更是要以放下、无为的心态来面对，否则就被器世间所迷了。

第三十章

老子说

以道佐人主者，
不以兵强天下。
其事好还。
师之所处，荆棘生焉。
大军之后，必有凶年。
善有果而已，不敢以取强。果而勿矜，果而勿伐，果而勿骄，果而不得已，果而勿强。物壮则老，是谓不道。不道早已。

如来说

真心
攀缘心
一切有为法
如梦幻泡影
如露亦如电
应作如是观

以道佐人主者，不以兵强天下。

“人主”，不一定按“帝王将相”来理解，它的意思就是人自己的主人。每个人都有一个主人，从中医来说，心为君主之官，心就是我们的主人。“以道佐人主”，就是以道来辅助这个君主，辅助我们的心，所以是用心去修道，以道佐心。一个以道佐心的人，“不以兵强天下”。“天下”，指我们的身体；“兵”，就是刚猛之气，比如动了杀心，就有杀气，或者一定想改变什么，人心欲望很强的那种气，戾气，大发脾气等等，都属于“兵”。“兵强天下”，就是心中生起这股人欲很强、劲头刚猛的气来操控我们的身体，比方李小龙，练了一身刚劲的功夫，全身肌肉非常刚硬，这就是“以兵强天下”。其实当你“兵强”的时候，身体已经受到很大的损害了，已经伤掉了。像阿里拳王之类，也是如此，一身练得铜墙铁壁一样，最后话都说不出了。那么一个道者，是绝不会这么干的。

其事好还。师之所处，荆棘生焉。大军之后，必有凶年。

“其事好还”，“事”，万事万物，世间法；“好还”，循环往复。意思就是有为法一定落端，而且物极必反，在生灭两极循环。所以“师之所处，荆棘生焉，大军之后，必有凶年”。“师”，心中很有为地去行事，去训练我们的肉体，比如很多人一提到修道，就认为是练气脉，用有为法转这个气到这边，运那个功到那边，搞来搞去，表面上好像很厉害，有神通，其实很容易出问题——“荆棘生焉”；“大军之后，必有凶年”，“大军”，心气很有为使然，也是表面上很有功夫、很强的样子，之后必有凶年，身体内部其实已经受伤，气机已经混乱，离道很远。

一个道者又是如何呢？

善有果而已，不敢以取强。

“善者”，就是以道佐人主者；“果”，结果，就是当下，就是现在的这个状态。“有果而已”，不管产生怎么样的结果，就是这样，很自然地随顺；“不敢以取强”，不会强行改变什么，争取什么。这个“果”，是一种自然，是一种当下的状态。比方我们每一个人当下所处的境都是一种果，我们不要取强，不要想去让它变成一种什么样子，然后过一会儿又希望它变成另一种样子。不论所处的是哪一种果，你只要顺其自然就好，“果而已”。

果而勿矜，果而勿伐，果而勿骄，果而不得已，果而勿强。

与上句意思相同，直面当下，顺其自然，果而不有为，一点人为使然的东西都不需要，这在密宗大圆满法中叫作“任任无为”，无修而修，这是真正的大法。“矜”“伐”“骄”等都是描述过于有为，而且还骄傲，觉得自己练成了多高的功夫，其实根本都没有，就是自然而已。这是道的结果，根本与你无关，“你”根本都不存在，哪来的“骄傲”呢？

物壮则老，是谓不道。不道早已。

“物”，在这里指有为法。一旦有为，就有强、壮，但是一旦生长壮大，老、病、死就等着你，再强大的也必然要消殒，所以“物壮则老”。“是谓不道”，这样叫作“不道”，“不道早已”，离道很远，根本不是道。

所以本章还是讲，不要人为，不要使然，要无为而治，道法自然，返本还原。这就是佛陀讲的“缘起性空”“明心见性”。实际上不论道家也好、佛家也好，八万四千法门，说来说去，都是在讲这件事。就是教我们要去掉攀缘心，不要用有为的心去折腾，搞出好像一副很强、很壮的样子，然后以为自己很了不起，甚至觉得自己有道，须知“一切有为法，如梦幻泡影，如露亦如电，应作如是观”。那么如此修去，若真正证入无为，即上一章所描述的法报化三身成就的境界，那不是开玩笑，一个道者的风范，不可思议，不是你用现在这种攀缘心可以想象的。所以老子每隔几章会描述给我们看，露一点给我们看看，一个真正的道者，是如何如何。但是，道，行起来是特别简单的，“大道至简”，就是说这个道其实是很容易，非常容易，就像走路一样简单。但是众人就不信，也不按这个来，就是想要不一样的、神奇的，好像非要跨着、跳着走，甚至恨不得飞起来，众生的问题就出在这里。

第三十一章

老子说

夫佳兵者，不祥之器，
物或恶之，
故有道者不处。
君子居则贵左，用兵则贵右。兵者不祥之器，非君子之器，不得已而用之，恬淡为上。
胜而不美，而美之者，是乐杀人。夫乐杀人者，则不可以得志于天下矣。吉事尚左，凶事尚右。偏将军居左，上将军居右。言以丧礼处之，杀人之众，以哀悲泣之；战胜，以丧礼处之。

如来说

慈悲为本
方便为门
诸恶莫作
众善奉行

这一章的内容，属于世俗谛的、有为法的范畴，是说道之用。可以从两个角度来理解：其一，是从道在世间有为法上的应用来谈；其二，是从修行的具体方法来谈。

道，或者佛法，在世俗谛有为法应用上的重要表现，就是戒律。仅以居士的戒来看，第一条就是戒杀，更不要说僧侣或菩萨的戒律了，这是最根本的戒律。在本章，老子也提出了这条根本原则：杀，必须要戒掉。所以一个尚道之人，学佛之人，在世俗谛一定讲究戒律，一定是众善奉行，诸恶莫作。

夫佳兵者，不祥之器，物或恶之，故有道者不处。

精巧的兵器，都是一种不祥之器，因为这是用来杀人的、杀害生灵的，所以所有的万物生灵，都害怕它、讨厌它。“有道者不处”，一个修行人，不拿、不用这种不祥之器。

君子居则贵左，用兵则贵右。

但是在世间，在世俗谛，还是有善恶、吉凶的分别，所以老子从道之起用、法乎天地的角度来看，天地的运行，就是左升右降，春生（升）秋杀（降）。在卦象中，春属东方，居左，主升；秋属西方，居右，主降。一个升一个降，所以秋天的时候，万物肃杀，春天的时候，万物生长，这就是一个左升右降的体现，“左右乃阴阳之道路也”。

“君子”，一个道者，“居”，住，安住。一个君子，平日里为人处世，“居则贵左”，是休养生息的路线；“用兵则贵右”，用兵，是杀的路线，所以贵右。左右是表示生和杀两种路线。

兵者不祥之器，非君子之器，不得已而用之，恬淡为上。

杀戮这种方式，是不祥的，所以对于君子、对于道者来说，他的内心和行为一定是戒杀的。然而在世间法的层面，吉凶、善恶一定会存在，碰到世间非常凶狠、邪恶的人或事的时候，也要显金刚愤怒之相，这个时候就可能要动杀机。这种杀机，是一种类似天地的杀机，就好像天地也会有秋杀的这种现象，使得万物凋零，“迅雷烈风，莫不蠢然”。天地之机就是如此，也就是道起用的轨迹，是有生有杀的。当运转到肃降之时，会出现杀的现象，这就是一种不得已。作为一个道者来讲，他的心态是恬淡为上，但不得已而用兵。比如莲花生大士，刚入藏地传法的时候，藏地原来的苯教非常凶残，之前来藏地传佛法的和尚全部挨打，根本没道理可讲。莲师来了之后，显金刚怒目之相，以强大的法力降服了苯教，随后才得以传佛法。所以若没有这个“兵”，不显出愤怒相，没有高强功夫来对付苯教的追杀，是根本镇不住的。所以密法里不但有善法，还有“诛法”，但是诛者是以慈悲为怀，内心是慈悲为本，他的所作所为，是为了救更多的生命，显然，这是入世的一种方便、权宜之法，一种方便般若。这个要分辨清楚。

胜而不美，而美之者，是乐杀人。夫乐杀人者，则不可以得志于天下矣。

正因为是以慈悲为本，所以“胜而不美”，使用了诛法之后决不会得意，因为这是不得已而为之。若诛杀他人之后，心中有一丝得意，即便被诛者是罪大恶极、罪有应得，那也是“乐杀人者”。“乐”，喜欢、欣赏，一个喜欢杀人的人，是不可能得志于天下的，不是真正的道者。

吉事尚左，凶事尚右。偏将军居左，上将军居右。

左主生，所以吉事尚左；右主死，所以凶事尚右。“偏将军居左，上将军居右”，就是我们说的左丞右相，左文右武。中国传统的文化就是这样，它是承接着道的轨迹、整个天地运动的规律而设立的，不是随意编造出来的。

言以丧礼处之，杀人之众，以哀悲泣之；战胜，以丧礼处之。

因为使用了诛法，毕竟是杀戮，而且内心是以慈悲为本，是逼不得已，为了救更多的生命，不得不惩罚那些凶残者，所以虽然战胜，仍以丧礼处之，以哀悲泣之。这是以世间有为法的应用来讲。

从具体修行方法来讲，无为乃常态，是天人合一的状态，但逼不得已时，我们也要运用有为的方式。比如当一位修行者年纪比较大了，身体多病，或者环境的改变，碰到很多外来的邪气，如寒气、病气等，侵入身体，这时我们不得不用有为法，来排除这些病邪。因为身心是合一的，当身体不能安适，要想练心是绝无可能的，连最基本的清静都难以做到。所以道家有练气，相当于密宗练拙火，这就是用"兵"，把外来的侵入者赶出去。所以在修行过程中，有火候的差别，有文火和武火之分，用兵的时候就是一种武火。修行没有一点武火也不行，要修身，练一股道气，必须要有能量，碰到不同的环境，比如有些修行人，如藏地很多瑜伽士，他要在深山里面或者高寒地带修行，如果不能御寒，连入山的资格都没有，有些人硬去修，反而搞出一身的病。如果有一定的武火功夫，知道运气，那么在山中寒气来了，你就会有为地抵抗它，不被它侵害，这样修行才能继续下去。实在不行我们还要用药，药就更加是兵器了，是"佳兵"了。所以不光道家，在佛家密宗密法里也有"舍利丸"，就是配备的一些丹药。所以修行有个过程，练气这种有为法就相当于我们开始用"兵"，但是这是不得已而为之，平时还是要清静无为。这是从修气、修身的方法来讲。

所以，道的应用是有不同层次的，要以道体为本，智慧地应对；修行的方法也是多层次的，有心灵、肉体、气机，或者说精、气、神这些不同的方面的训练，修行者在实际操作前要了解清楚。

第三十二章

老子说

道常无名，
朴虽小，天下莫能臣。
侯王若能守之，万物将自宾。
天地相合，以降甘露。民莫之令而自均。
始制有名，名亦既有，夫亦将知止，知止可以不殆。譬道之在天下，犹川谷之于江海。

如来说

居一切时
不起妄念
不怕念起
只怕觉迟

本章描述修行的心法，即在前文中多次提到的：去掉攀缘心，返还真心。这一心法修练过程中的关键，是“知止”。

道常无名，

这是描述本体，即如来藏。

朴虽小，天下莫能臣。

“朴”，即混沌的状态，还没有眼、耳、鼻、舌、身、意的时候。

所以一开了窍以后就不是朴了。朴，相当于佛陀所说的空性，是完全没有分别的状态，是一种无极，超越了两极对待的一种境界。它可以生出天地，生出世间万物，所以“天下莫能臣”，没有什么东西能降服它、超越它。

侯王若能守之，万物将自宾。

“侯王”，我们每一个人的心，心君。心若能守住这个朴，由朴入道，即返璞归真，那么万物自己会运转，这就是无为而治，即吕洞宾所说“动静知宗主，无事更寻谁”。只要守住朴，“性住气自回”，你身体里的一切，自动在运转。所以我们只要不动妄心，心守住而不乱动，不人为去干扰，你的身体乃至一切万物、所有气机，会自然调和。

天地相合，以降甘露。

“天地”，就是乾坤两卦，你的身体里上下的气机自然顺应，阴阳坎离自会相交，这就是天地相合，以降甘露。

民莫之令而自均。

“民”，就是指我们身体里的气机。气机不需要你有为地命令，它自动会均匀分布于我们的身体，自然地调节。所以一个人身体好的时候，他的气和场，分布得很均匀，人的状态是很放松的；一有哪里不舒服，肯定身体的气就不均匀，就开始有病症。所以只要无为而治，处在天人相应的状态里，自然就天地相合。

始制有名，名亦既有，夫亦将知止，知止可以不殆。

“有名”，心中的声音；“名亦既有”，起了念头，就是动了妄心、攀缘心。一旦开始有了妄念，“夫亦将知止”。“知止”，意识到了妄念，就把它停止，不要去追着或随着妄念跑。若念头一个接一个，那就不行，要把它停止。这就是《圆觉经》上说：“居一切时，不起妄念”，就是念止的状态。若起了妄念，首先要“知”，禅门所谓：“不怕念起，只怕觉迟。”念起了不要紧，但如果觉知不了，还陷在妄念里不断地打转，那就是迷，更谈不上“止”了；但如果你能认得妄念，认得的时候就是止。“知止可以不殆”，知止就开始返还，进入“朴”的状态；再进一步，归真，合道，可以不殆。

譬道之在天下，犹川谷之于江海。

天下万物与道的关系，就好像川谷与江海的关系。道，相当于江海，天下，相当于川谷。就是说，既然万物是由道生出，那么也就能返还于道，就好像川谷汇流于江海。所以应当察觉心中有名而知止，逆修回归，莫再流浪生死，枉堕迷途。

第三十三章

老子说

知人者智，自知者明。胜人者有力，自胜者强。知足者富，强行者有志。不失其所者久，死而不亡者寿。

如来说

明心见性

念念不离自性

本章把修行向内和世人向外这两种方向及状态进行对比。

知人者智，自知者明。

“知人”，是往外的方向，是一种外耗；“自知”，是往内的方向，是一种内养。“知人者智”，是向外攀缘的世间智，是一种分别心，善于分辨他人，好像很聪明的样子。“自知者明”，往内返观、内修，直到“明”的程度。所谓“明”，即前面第十六章讲到的“知常曰明”，就是通过修行返还，已经见道，即佛家所说的明心见性的过程。

胜人者有力，自胜者强。

往外走的时候，战胜别人，叫作“有力”；往内走的时候，战胜自己，叫作“强”。我们在修行的时候有很多妄念，妄念能否不升起？能否“降伏其心”？能降伏其心者，谓之强。所以佛陀有一个名号，叫作“调御丈夫”，就是表示佛是能够降伏自心的人。战胜别人，只是有力而已，只是一种力量的对比，只有战胜自己才是强者。这一句指出了修行中关键能否降伏其心的问题。

知足者富，强行者有志。

“知足”，是指内养、内观。人总是不知足，不内养而向外攀缘，心中充满无穷的欲望，“人心不足蛇吞象”。所以在修行的过程中，你能否知足？能否把自己的欲望转化掉？能否具备布施的心态？知足即富，因为不断内观，处在道的、自性的状态，充满着法喜，已经降服自心，自然满足。“强行”则是往外攀缘，这样的人，叫“有志”。老子在第三章曾讲到“弱其志，强其骨”，也就是说，强行有志是不可取的。因为“强行”是一件很有为的事情，与内观见道背道而驰。“强行”相当于已经用兵了，而且是强兵，这绝对是不可取的。

不失其所者久，死而不亡者寿。

“所”，在这里指道；“不失其所者”，没有忘本，没有失道的人，才能长久。“死而不亡者”，“死”，肉体虽然死了，“不亡”，就是不亡其所，心性还是处在自性的状态，这才是真正的“寿”。这就是六祖所说“念念不离自性”，不亡道，不失道，随时处在道中，才能久，才能寿。

第三十四章

老子说

大道汜兮，其可左右。
万物恃之而生而不辞，
功成而不有，
衣养万物而不为主。
常无欲，可名于小；
万物归焉而不为主，可名为大。
以其终不自为大，故能成其大。

如来说

色心诸缘
及心所使
诸所缘法
唯心所现
汝身汝心
皆是妙明真精妙心中所现物

这一章是描述道与一切世间万有的关系。

大道汜兮，其可左右。

“汜”，即泛，无所不在；“其可左右”，表示是全方位的。大道无所不在，无处不达，大而无外，小而无内，即佛家认为一切由心生、都被心所涵盖。释迦牟尼佛在《楞严经》中对弟子阿难说：“色心诸缘，及心所使，诸所缘法，唯心所现。汝身汝心，皆是妙明真精妙心中所现物”，“（汝等）不知色身，外洎山河虚空大地，咸是妙明真心中物。譬如澄清百千大海弃之，唯认一浮沤体，目为全潮，穷尽瀛渤。汝等即是迷中倍人”。六祖证悟之时亦说：“何期自性本自具足，何期自性能生万法。”

万物恃之而生而不辞，功成而不有，衣被万物而不为主。

因为万物是道所生出来的，“万物恃之”，万物都必须依照道的方式和轨迹来运行，而且道是无所不在的，所以“生而不辞”，好像源源不断，取之不尽，用之不竭。但是道又是一种空性，所以“功成而不有，衣被万物而不为主”。道，能生万物而非有形万物的境界可以想见，衣养万物但没有主宰万物的这种欲望。

常无欲，可名于小；万物归焉而不为主，可名为大。

其实道根本没大小之分，你说它小也可以，说它大也可以。它“常无欲”，没有任何欲望，根本是一种空性，正因为是空性，所以可以涵盖一切，同时又融于一切，可大可小。

以其终不自为大，故能成其大。

正是由于道不自以为大，“万物归焉而不为主”，没有任何的自以为是，是一种放空的状态，所以它没有边界，没有界限，包容万有，这才是真正的大。

第三十五章

老子说

执大象，天下往。往而不害，安平泰。乐与饵，过客止。道之出口，淡兮其无味，视之不足见，听之不足闻，用之不可既。

如来说

观自在

前一章阐述了道与世间一切万有的关系，本章是对前面内容的延续。

执大象，天下往。往而不害，安平泰。

“大象”，即道；“执大象”，入道，处在道中，守住本来，即佛陀所说“观自在”。在这样一种境界中，“天下往”，往者，归也，即前章所说的“万物归焉”的意思，表现道是能涵盖一切万有的。“往而不害”，就是“衣被万物而不为主”“万物归焉而不为主”，虽然可以坐拥天下，但绝无丝毫自恃为主的心态，而是和光同尘的，与万物共处在“安平泰”的状态中，这是一种滋养万物的状态。一个有道的修行人，如果入世，就应该是这样一种状态。所以执大象者，无往而不利。

接下来老子将世俗谛与胜义谛两种境界进行比较：

乐与饵，过客止。

这是描述世间凡夫被欲望所牵缚。“乐”，音乐；“饵”，美食；“过客止”，人们都被动人的音乐和美味的食物所吸引而停下了脚步。这种声色的世俗之乐能让人立刻感受到满足，立刻感受到利益，但非常短暂，是稍纵即逝、无法永恒长存的。释迦牟尼当年毅然放弃王位而出家修道，就是因为发现世间之乐太短暂、太无聊、太过无常。身为王子，“乐与饵”对于他来说享之不尽，但是短暂的世间之乐需要不断重复才能感受，久而久之他都烦了，完全不感兴趣。因为这些世间欲望的满足都属于色受的范围，根本是无常，是不能长久的。

然而，道就不同了。

道之出口，淡兮其无味，视之不足见，听之不足闻，用之不可既。

道，绝不同于乐与饵。若用可以遍尝世间之乐的眼、耳、鼻、舌、身、意去把握它，根本体会不到。看不见，听不到，触不及，尝不了。但就是这个道，是一种永恒，它是本体，是自性的状态，胜义谛的境界。世俗谛就是迷于六根的取乐，众生正是因为追求这种短暂而重复的欲乐所以自行堕入轮回大海，这是不足取的。所以老子通过比较此两种境界的差异，意在告诫人们要懂得出世间，要返本还原，切莫沉溺在世间欲望之中。

第三十六章

老子说

将欲歙之，必固张之；
将欲弱之，必固强之；
将欲废之，必固兴之；将欲夺之，必固与之。
是谓微明。柔弱胜刚强。鱼不可脱于渊，国之利器不可以示人。

如来说

攀缘心/妄心
自性/真心
念念不离自性

老子在《道德经》中，章章都在描述心性的关系：人心之机如何动？与自性的关系是怎样？在入世、出世时又应该如何？本章亦是如此。

将欲歙之，必固张之；将欲弱之，必固强之；将欲废之，必固兴之；将欲夺之，必固与之。

前四句描述了“反者道之动”“物极必反”的道理。实际上就是太极图所展示的现象：阳极必然生阴，阴极必然生阳。这一规律，不论道家佛家，都是承认的。大家如果去过北京北海公园，里面有个白塔，那是密宗的塔。白塔上面有一个铳盒，最为宝贵的一个盒子，藏在塔里。结果后来打开，盒子里面就是一个太极图。在现代科学领域，1937 年诺贝尔奖获得者，量子力学家尼尔斯·玻尔访华时，发现中国古老的太极图与自己所证明的互补性原理完全契合，回国后便将太极图印在自己的族徽上。还有各种平衡运动的理论，比如我们现在数学所说的正弦、余弦的原理，波的规律，波粒二象性等，其实都是太极规律的模型，就是一个阴阳两极的变化。那么实际上我们的意识也是如此，也是两极的变化。

人的意识，也就是佛所说的攀缘心，它有努力劳作的时候，所谓“尘劳妄想”；但也会有疲劳的时候，当你想让它静下来，可以利用相反的方法，比如把意识专注在一个东西上，使你的神凝聚。那么佛家就有念佛法门，持诵阿弥陀佛，一直念“阿弥陀佛”，念念念念就念不了了，就会累，一累了，什么都想不起来。或者拿一张白纸，上面画一个黑点，你就集中注意力看那个黑点，一直盯着不要分散注意力。盯着盯着盯不下去了，变成一片空白，这就是老子说的这个道理。你若想收掉这些杂念，就先让它“张”，要废掉它就先让它“兴”，这是一个方法。这些方法，都属于第一章所说的“可道”的范畴，并不是本体的“道”，而是“可道”的范畴，也就是佛家所说的“能所”之“能”的范畴。

是谓微明。柔弱胜刚强。

懂得“可道”范畴的规律，叫作“微明”。因为这还是世俗谛的规律，所以是“微明”，而没有达到“袭明”(第二十七章)。“袭明”，是能够穿透、透破的那样一种光明。所以这是描述“物极必反”“反者道之动”的道理，也就是“柔弱胜刚强”的道理。

鱼不可脱于渊，国之利器不可以示人。

“鱼”，比喻人心、攀缘心；“渊”，比喻自性、道。意即攀缘心是不可以脱离自性的，它是自性的产物，所以不管它怎么乱跑，如果真的离开了自性，根本起不了作用，就好像鱼离开水，干涸而死。所以六祖说“念念不离自性”，就是要我们的心时刻不离自性，才能成就圆满的报身，也就是吕洞宾说的“动静知宗主，无事更寻谁”。

我们凡夫众生，天天在用这个心，却不知道自己的心究竟在哪里，迷在世间的万物里，于是我们就慢慢干涸，生命就衰败。所以“国之利器不可以示人”，国之利器，就是人心使强，与人接触的时候意欲使强，这种就是利器，这样去和人打交道是不可取的，实际上到最后都是自己搞自己。所以要放下，要柔弱胜刚强，守弱，甚而能够守住自性，念念不离自性，这才是正确的方法。能够守住柔弱，叫作微明；能够守住自性，那才是真修行，真正称得上是一个道者。

第三十七章

老子说

道常无为而无不为。
侯王若能守之，
万物将自化。
化而欲作，吾将镇之以无名之朴。
镇之以无名之朴，夫将不欲。不欲以静，天下将自定。

如来说

自性
如来藏
无眼耳鼻舌身意
无色声香味触法

本章老子讲述如何修心。

道常无为而无不为。

道，是永恒不变而周行不殆的，故常无为而无不为。没有什么不是道所生化的，而它本身又是不增不减、不垢不净的。这就是佛陀所说的自性、如来藏的道理。

侯王若能守之，万物将自化。

“侯王若能守之”，就是前章所说的“鱼不可脱于渊”的意思；

我们若能守住自性，“万物将自化”，我们生命的气机，甚至一切万物，都会自动转化，进入天人合一的境界。只要无为，不需要有为，人机不动，天机自动，一切自动化地运转。这就是吕洞宾所说的“性住气自回，气回丹自结”，都是无为而自化的现象，所有使然的东西都消失，进入自然的状态。

化而欲作，吾将镇之以无名之朴。

在这个守住自性的修心过程中，会有反复。守到一定时候，你的欲又会开始作，欲望又会升起，无明又开始缘行。这时该怎么办呢？一起妄念，马上就知道，就觉察到，所以禅门里说：“不怕念起，只怕觉迟。”一觉了以后，“镇之以无名之朴”，立刻调整到“无念、无相、无住”的状态，这就是“无名之朴”，也就是无眼、耳、鼻、舌、身、意的状态，若还有眼、耳、鼻、舌、身、意，就不是“朴”。

镇之以无名之朴，夫将不欲。

当你以无名之朴镇住妄念，欲望立刻就不见了。所以正是“化而欲作”的时候，要立刻返观内视，内省，镇以无念、无相、无住，欲望顷刻间灰飞烟灭一般不见。

不欲以静，天下将自定。

“不欲以静”，欲望一消失，就进入静的状态，这个时候“天下将自定”，又回到天人合一的状态，无为而无不为。

老子此章告诉我们，如何在人心的变化过程中，守住自性而不着相。一旦着相，一有能所，一起欲望，立刻“镇以无名之朴”，也就是“无眼耳鼻舌身意，无色声香味触法”，就能回归本来。所以老子章章所述都是在心地上做功夫的内容，这与如来所法教是一致的。佛家说何谓外道？“心外求法”，是为外道。而老子所讲均是心内的求证，如此可知《道德经》是真正的正法。

第三十八章

老子说

上德不德，是以有德；下德不失德，是以无德。上德无为而无以为；下德为之而有以为。上仁为之而无以为；上义为之而有以为。上礼为之而莫之应，则攘臂而扔之。故失道而后德，失德而后仁，失仁而后义，失义而后礼。夫礼者，忠信之薄，而乱之首。前识者，道之华，而愚之始。是以大丈夫处其厚，不居其薄；处其实，不居其华。
故去彼取此。

如来说

居一切时
不起妄念
于诸妄心
亦不熄灭
住妄想境
不加了知
于无了知
不辨真实

“前识者，道之华，而愚之始”，前识者，道之华，是道生出来的，识，就是“德”，愚之始。德、仁、义、礼的关系，一层层下来，往下走。这里点出了识，是很绝的，可见老子是从心灵层面来讲，所以一直以来他都是崇尚无知，有知有识，已经落到很后面了。所以必须要返还到本体、自性的状态。所以要去这些知，这些识。所以知、情、义，这些东西，都是很后面的东西，都是自性的产物，当然这些也都是自性的用，所以说是“道之华”。但是是“愚之始”，愚的开始，进入后天了。所以老子与佛陀的思想是不谋而合的。追溯到最根本，发现二者实际上是一个模子出来的。

老子和释迦牟尼所处的时代很特殊，是从上古转化到家天下、公心转私心的时期，所以特别能看清楚失道以后的状态。所以从历史时代可以看出，为什么就是在这个时候会产生、出现这样的思想，出现这样两个人物。所以修道不是那么容易。那么长的时间我们的基因里面充满了这种识。从潜意识来讲，被儒家熏陶得很深了，那你说什么时候能把这个我去掉？

前识，就是我们的后天意识、妄心，它是自性生出来的，一生出来，识一开始，就已经进入愚的状态。就是释迦牟尼所说的色、受、想、行、识的识。识是最深层次的，这个识一转，就回到如来。它离自性很近，是为其之华，由自性第一个生出来的东西。愚蠢的开始。所以不论哪个人在释迦牟尼和老子面前都是愚蠢的，不管你怎么高明，能高明到哪里。境界差太远。所以老子章章讲这个，鱼不可以脱于渊，这就是释迦牟尼讲的三个东西：自性、能、所。六祖把这三个东西总结出来，就是无相无念无住。所以《圆觉经》说：“居一切时不起妄念，于诸妄心亦不熄灭。住妄想境不加了知，于无了知不辨真实。”这就点出一个是时间一个是空间。居一切时，这一句是讲时间，念头动是时间；住妄想境，这一句是讲空间，身形所住是空间。所以这两句话，如果做到，就把时空给消除了。时空一消除，就回到本体了。只要这么来用心，时空就会消失。六祖就是无念无住两句话，很简单，就消除时空，就是无相，进入本来。能所双亡就回到自性。所就是空间，能就是时间。因为能产生动态，是因为运动、动态产生了时间。所是相，能是妄心，妄心与相一结合就攀缘。攀缘心就这样升起。所以讲来讲去就这三个东西，没有了，就还是道可道非常道，名可名非常名。八十一章全部讲这个。八十章都是第一章的注脚。《大藏经》皇皇几万卷，就是讲明心见性，缘起性空，就这些，不可能再有别的东西。释迦牟尼讲那么多经，八万四千法门，讲的就是这两句话。这是佛内心真正的见地。讲来讲去就是想让你知道这个见地，有这样的见地。然后你在证到这个见地的时候，你就和佛陀一样。知道了，认得释迦牟尼，证到了，心心相印，你就是佛，你就是老子。现在你是认得老子。看懂了经文，你已经认得老子是谁了，但是自己还证不到，等你证到，你就变老子。所以这是见道，见道以后开始修，修了以后行，行了以后证。四个次第。现代科学，还是识，都在用识，属于“愚”的范畴。并不是道的境界、自性的状态。自性的状态是彼岸的智慧，叫般若智慧，它是不用意识的，是洞见。所以心经第一句话“观自在，菩萨行深般若波罗蜜多时”，才能照见五蕴皆空。要进入彼岸的智慧很长时间以后，才能照见五蕴皆空。也就是我们说的“定境”。深深地进入定境，而且要很长的时间，否则照不空。因为你的习性在那里。首先要观自在。连自在是什么东西都不知道，那观都没得观。第一步就做不到，不要说第二步。那么什么是自在？《楞严经》七处征心八还辨见。好像懂了。这是认识自在了。但这只是见道位，还要修。那么接下来就必须要进入定境。怎么进入定境？好，叫了一帮菩萨出来，你们是怎么进去的啊，二十五圆通，案例，每一个有一套进去的方法，进入定境，就是深入般若波罗蜜的状态，是怎么进去的，每一个都不一样。进去以后，深入，而且要很久，然后照见一切皆空，度一切苦厄。就是这么回事。然后次第还讲很清楚，色受想行识这五蕴是怎么空的，空的过程中出现什么相，五十种阴魔，只要还执着一点，马上就落入歪门邪道，入魔。所以《楞严经》就是《心经》的详解版本。让你真正看清楚，这个般若是什么。所以《道德经》讲了那么久，实际上就是讲观自在。有时也会触及消除色受想行识的内容：“载营魄抱一能无离乎？专气致柔能如婴儿乎？

涤除玄览能无知乎？”这就是具体的修行的境界，那是进去，深入定境的状态。只要无眼、耳、鼻、舌、身、意，它自己会调，不需要你有为，整个过程都是这样。所以老子真正的心法，无为法。在世俗谛，就守住自性，随遇而安。这就是上德不德，是以有德。就是根本不去想怎么样有为，他是安住在当下，碰到事情就随缘而动，住在道的状态里面。不管你做什么事情，你要知道所有的事情，都不是你做作的，不是你搞出来的，你要无我。一切都是道在推动。你只是理会（领会）而已。但是要注意，道本身没有好坏善恶，只是在体会。一动妄心，是人为的，你肯定就落因果。千万不要以为做坏事也不要紧，好像一切都是道在推动，关键你是不是真正能够无为，你的心还有一丝有为，你肯定落因果。就好比你拿一个鞭子抽人家，你的起心动念是什么？我的心念是“我要抽死他，这个家伙，那么坏，偷我的东西！”那么这就是一种杀念，那么肯定落因果，跑不掉的。千万别觉得这是上帝或者正义叫我做的，这实际上是你的欲望在搞。这就是关键问题。起心是善的，就落善果。还是落因果的。所以众善奉行、诸恶莫作是讲给还没得道的人，世俗谛的。那么如果你还是世俗谛，但你说我是胜义谛，什么都可以干，实际上根本不是这样，反而落因果，自受其害。

所以六祖说无念无住无相，那么我们现在是有念有住有相，我执还很大，然后自我膨胀，说我什么事都可以干而且都没事，上帝教我这样，这是自欺欺人。这样落因果落得很惨。所以老和尚吃饭睡觉，开悟了还是吃饭睡觉。到底是怎么回事？开悟了你在干吗？还是吃饭睡觉。那这个开悟和不开悟有什么两样？外表是没什么两样。事实上心灵境界差很远。所以只能是你进去了才知道。那用世俗的观念去看，那看不出什么，都一样，好像根本没什么变化。但实际上心境是不一样。完全是另外一个天地。

所以现在人类发展到今天，开始有一些反思，在思考，现代科学如此的发达，工具的使用如此美妙，世界却变得越来越冰冷，人与人之间不相往来，心灵真正的交流越来越少，都只是走形式，甚至住在一栋楼里根本不认识几个人，电脑发明之后，社会太冰冷，很多人都开始觉得压抑，很多癌症，就是这样来的，现在人类在反思、研究这个问题，因为现在各种病，太惨，所有的国家都在考虑这个医疗。

本体，不生不灭，涵盖一切，用是它的展现，道之华，华，就是展现，用和体不可分，用的过程中，一定会有反复，这是道之轨迹的必然规律，“反者，道之动”（第四十章）。所以展现出来就是一种动态，就是太极，升降出入，无气不有。那么动的时候，有道之人，顺着道而动，不动而动，而凡夫是只为了用而动，根本不知道道的存在，差异在这里，你有攀缘人家不攀缘，人家是顺天而行，你是人欲而行。这就是心的差异。所以《阴符经》讲“人心机也”。“其机在目”，心目为眼，所以《楞严经》里叫“见”，释迦牟尼从“见”开始讲起，抓住见不放，七处征心，八还辨见。

现在关键就是我们的人心，自我意识，攀缘，还有各种欲望，人为、人机、社会性。我爱干嘛就干嘛。实际上就是一个欲望的宣泄。若人类社会这样一种方向走下来，就会变成人欲横流。工具越发达。慢慢从一个群体的社会性，慢慢变成小家庭，再下来就是单身，这是必然的。为什么？因为工具太发达。一个人可以生存。根本不需要你群体。家庭一定解构，社会组织的单位变成个人，不可能再有家庭。那以前怎么可能。在社会里他一定要一个大家族才能生存得了，大家要一起劳作、种地。现在这样地发展，未来的情况肯定就是一个人。你不要干扰我啊，我有我的空间啊、民主自由……但是这个趋势走到极处，又会往回走，就是《皇极经世》的道理。现在是火运，那么就是工具的发达，追求物质，火运走到极点，进入土运，社会自然就不追求物质，而是开始注重精神。现在正是追求物质的时候，物欲横流，信息量如此的放大，速度如此之快，这一运有一千年，至少还有三百年要走。所以天地之间就是这样一个两极互动的规律，那么人类社会一定也是跟着这种方向在走。那么现在的趋势，社会性肯定变成个体性，这是必然的。从现在的思维就可以预见未来。

第三十九章

老子说

昔之得一者：
天得一以清，地得一以宁，神得一以灵，谷得一以盈，万物得一以生，侯王得一以为天下贞。其致之也，天无以清，将恐裂；地无以宁，将恐废；神无以灵，将恐歇；谷无以盈，将恐竭；万物无以生，将恐灭；侯王无以贞，将恐蹶。
故贵以贱为本，高以下为基。是以侯王自谓孤、寡、不穀。此非以贱为本邪？非乎？故致数舆无舆。不欲琭琭如玉，珞珞如石。

如来说

自性/本来
行

昔之得一者：天得一以清，地得一以宁，神得一以灵，谷得一以盈，万物得一以生，侯王得一以为天下贞。

“一”，即本体的体性功能。道就是本体，它展现出一个功能。这个功能，称为“一”，放在哪里，它就在哪里起用：天得到了，就

“清”；地得到了，就“宁”；神得就“灵”；谷得就“盈”；万物得就“生”，侯王得而“天下贞”。这是描述本体的体性功能，假若放之于天地，那就是“升降出入，无气不有”——任何一个东西都具备这个道的体性功能。

这个“一”，若从佛法来讲，就是自性的本来功能，相当于佛所说的“无明缘行”之“行”。“行”就是功能的展现，就开始有动态，然后产生万物，“行缘识，识缘名色，名色缘六入……”等等，都是“行”生出来的。

其致之也，天无以清，将恐裂；地无以宁，将恐废；神无以灵，将恐歇；谷无以盈，将恐竭；万物无以生，将恐灭；侯王无以贞，将恐蹶。

“其致之”——反过来，那么就会出现相反的效果：“天无以清，将恐裂；地无以宁，将恐废；神无以灵，将恐歇；谷无以盈，将恐竭；万物无以生，将恐灭；侯王无以贞，将恐蹶。”这是说假如没有得“一”，那么就不合于道，这就好比生病了，慢慢就出现问题。天、地、人、万物，皆如此，万物无一的话“无以生”，得一才得生。所以可见这个“一”的重要性。

故贵以贱为本，高以下为基。是以侯王自谓孤、寡、不穀。此非以贱为本邪？非乎？

“不穀”，连吃都吃不饱的贫人。“孤”“寡”“不穀”，形容低贱之人。“侯王”，指自我意识，它是控制着我们生命的王。如果我们很自以为是，不尊重生命规律，胡乱使用我们的身体，那就很容易出问题。如果我们尊重生命规律，把自我意识放得很低，“自谓孤、寡、不穀”，甚至是放空了，根本不把自我当一回事，这个时候就找到了生命的根基。那么我们的意识从哪里来呢？现在说是大脑的功能。大脑从何而来呢？是靠肾气，肾精还精补脑而生。所以说“高以下为基”，“贵以贱为本”。“此非以贱为本邪？非乎？”高贵如释迦牟尼佛，每一天也要洗脚，盘坐，再讲经。即便是再低贱的事物，也要尊重，而把自我看得很低、放空。这里就点出了一个“无我”的问题。

故致数舆无舆。

“舆”，赞美。所以，要把很多的赞美都空掉，好像没有一样。因为“以贱为本”，所以应该把虚荣心空掉，尽量使我们的心安住在本来，回到本体，回到道。

不欲琭琭如玉，珞珞如石。

玉是经过打磨的，比喻过于人为的状态，“不欲琭琭如玉”，不要去追求豪华、高贵、人工雕琢的东西；而应该“珞珞如石”，如来璞石一般，天然去雕饰，纯然自现，返璞归真。

本章再次重申，要放下自我意识，返还自性。问题就在于我们不愿意把自己看作“孤、寡、不穀”，自以为是，总觉得自己很牛，这就失去了“一”。失去“一”，“无以生”，连“生”都没有了，所以必然会走向“灭”。

第四十章

老子说

反者，道之动。

弱者，道之用。

天下万物生于有，有生于无。

如来说

苦海无边

回头是岸

截断众流

念念不离自性

反者，道之动。

前一章所讲，道的体性功能，道的动态，也就是“一”。这个功能的运动规律，是“反”。比如升降出入：升了一定会降，降了一定又会升；出了一定会入，入了一定会出，这叫作“反”。

弱者，道之用。

道的体性功能，这个“一”出来以后，“神得一以灵”，但是，“道之华，而愚之始”，“灵”了以后，就开始看这看那，分别就开始了，分辨这个好那个不好，所以有善一定有恶，有恶一定会有善；有美就有丑，有强就有弱。其实就是分别心的产物，那么一定落端，一定有对待。所以“弱者，道之用”，世人都喜欢强，但强从何而来？肯定是从弱而来。弱容易变成强，所以守弱，慢慢就变强。反过来若守住强，很快你就变弱。要用肯定想用强，所以守弱而慢慢变强，我们就觉得很爽，守强而慢慢变弱，我们就觉得很烦。实际上是分别心在作怪。

天下万物生于有，有生于无。

有分别并不完全是坏事，分别是道起用时的功用之一，关键在于你是否懂得返本还原——是否懂得一切都是道生出来的。所以“天下万物生于有，有生于无”，天下万物是“有”生出来的，“有”是“无”生出来的。世人往往执着于“有”，只看见“有”，只看见万物，而看不见“无”，这就是不懂得万有的根源。不懂得根源就失去了本，只知道随着分别心流亡在欲望生死中。所以老子不断地告诉你要返本还原，返璞归真，要懂得“无”才是“有”真正的根。

这也就是佛陀说的十二因缘。因为无明，产生了行，行才产生了识，再到名色等万物。所以一切万有都是自性之空性所生。佛说“心生种种法生”，心从何来？心就是自性的功能。所以根在哪里？在自性。故六祖说“念念不离自性”，这就是念佛。这个念，不是嘴巴念，而是心念，念念不离本。

所以，“反”是关键。从无生有，有生万物，这就是顺，即“道生一，一生二，二生三，三生万物”；逆着走，即“人法地，地法天，天法道，道法自然”，这叫“反”。这就是吕祖说的“顺则凡，逆则仙，就在中间颠倒颠”。凡人就是顺着走，就变万物，变欲望；修行就是逆着走，就从万物变成有变成无，最后空掉了，回到自性，回到道。所以老子不断地讲返本还原，不断地讲不要用人为，要无为，不要使然，要自然。那么释迦牟尼就讲，欲界众生很惨啊，六道里面轮回啊，要回头是岸你才能跳出三界，不再轮回。禅宗又说“截断众流”，这“回头是岸”“截断众流”，就是“反”，否则不截断众流，顺着去走，那就是苦海无边。所以圣贤都是教我们回头。

第四十一章

老子说

上士闻道，勤而行之；
中士闻道，若存若亡；
下士闻道，大笑之。
——不笑，不足以为道。故建言有之：
明道若昧，进道若退，夷道若颣。上德若谷，广德若不足，建德若偷，质真若渝。大白若辱，大方无隅，大器晚成。大音希声，大象无形。道隐无名。夫唯道，善贷且成。

如来说

上品根器
中品根器
下品根器
众生颠倒

上士闻道，勤而行之；中士闻道，若存若亡；下士闻道，大笑之。——不笑，不足以为道。

第一段，提出上士、中士、下士三种人。人的确是有很多层次，每个人的境界是不一样的，甚至同一个人在不同的状态中其境界也会不一样。每一个人都具备六道之根性，有时候我们自身动物的一面跑出来了，就有畜生性；有时候人心跑出来，我们就具备人性；

有时候菩萨心肠来了，我们就变菩萨；有时候神性的东西出来了，我们变成天人。这些不同的状态，每个人都具备。那么上士，就是欲界的需求较少，平时常处在恬淡虚无中的人。这样的人，只要一闻道，他马上了悟是怎么回事，因为他对有形的东西不执着，而对无形的东西很敏感，所以一闻道就“勤而行之”。假若一个人有欲界的需求，但对艺术或对精神世界的需求更多，他闻道之后，是好像知道，仿佛有点感觉但又不是很清楚，这就是中士，“若存若亡”。而对于那些像动物一样特别追求本能欲望的满足、十分在意物质生活的人，你若和他说什么道，他就觉得你很愚蠢，就会笑，因为他觉得这根本是子虚乌有，完全不可信。你说有神灵，他打你都有可能，对无形的东西根本不信。这种便是下士，闻道肯定大笑之，“不笑不足以为道”。这就是描述道的胜义性，不可言传，不可表达，是一种高深的胜义境的觉悟，不是我们用凡胎肉眼看得见的，所以一个凡夫俗子，很难了解到。有的人品性很高，听到道，马上就学，就修行了；有的人若存若亡，他从道理上想想，“可能有哦”，但是又想“反正我又没见到”，总是似是而非的状态；那么其余大多数人，就是大笑，认为“这些东西全是假东西，根本不足以信”。这是描述了三种人，说明道是不容易闻道的。

那么在佛法中，这些不同的人就被形容为“根器”，不同根器的弟子获得不同的传承。上品根器之人，是“意传承”，心心相印，像迦叶尊者，拈花一笑，就开悟了，立刻顿入。还有禅宗里很多人，比方唐代船子禅师度夹山和尚，把夹山的头摁在水里不给他起来，结果开悟了。这些都是上品根器的人。中品根器之人，若存若亡，所以就需要“示传承”，比方拿个铃啊杵啊，摆一个坛城，然后灌顶，这就是暗示，设计一个缘起，种下一颗种子，来传法。下品根器之人，就很难度了，只能“口耳传承”，就是不断地讲，不断地熏陶，不断地教育，告诉他这个很重要哦，但是人家还不一定听，好像对牛弹琴。

我们可以用六祖悟道的故事来说明。六祖听到《金刚经》就开悟了，去见五祖，一问一答，两三句就心意相通，然后五祖叫他去推磨他就去了，心里很清楚地在那里等待传法机缘成熟，这就是上士。有一天五祖让弟子们每人写一首偈子，看看大家学法学得怎么样，谁写得好就把衣钵传给谁。六祖的师兄神秀一听，想得直飙汗，不断揣测五祖到底想什么？究竟要怎么写才能显示自己的才学？我的才学是否能够获得衣钵？——若存若亡，中士。后来神秀把自己精心创作的偈子呈给五祖，六祖也作了一个偈子，并请人把偈子写在墙上，五祖一看就知道六祖是开悟之人，而神秀并未开悟。为了保护六祖，以免锋芒太露招致杀身之祸，五祖大师故意把六祖的偈子擦掉，而写上神秀的偈子。其他师兄弟因为瞧不起六祖卖柴的出身，一看师父如此作为就大肆嘲笑六祖——下士，根本看不懂六祖的偈子，所以"不笑，不足以为道"。这就是根器的差别及其对学法修行的重要性，特别是学习密法。那么在道家，对于一个人的根器，有所谓"来根""慧根""善根"三根，要看你的三根如何。比如一个人来根不行，以前是猪变过来的，蠢蠢的，或者猪都不如，饿鬼来的，那他肯定天天想着怎么吃，不和你说别的。这种情况就很难提修行。

即便不是修行，在平常生活中，人也是有不同的层次。上士互相之间一见面，不用谈，互相之间很清楚该怎么做，那是心心相印，毋须说得那么白。中士之间呢，"若存若亡"，互相猜度，到底他是不是这样想啊？纠结得连觉都睡不着。下士就根本不知道人家想什么，平常办事，还要签字立据。所以人和人差异很大，悟性不一样，同一个老师，教出来的学生都不一样。真正的境界是心与心之间的交流，一眨眼一握手，看到今天你穿什么衣服就已经知道你的心，根本不用开口。这就是高手过招。

故建言有之：明道若昧，进道若退，夷道若纇。

这就是说，真正的道是无形的，我们用肉眼去看，肯定是看不见的。所以“若昧”，根本看不到。“进道若退，夷道若纇”，是描述道与我们平常的认知是相反的，所以人机一动，天机就灭，人类所追求的东西与道往往是相悖的。

上德若谷，广德若不足，建德若偷，质真若渝。

真正有德的人，他修行的时候都不愿让人家知道，比如做善事都不留名，生怕别人知道，这叫“修阴功”。若想让人家知道，就说明他心里不是有德，那就是人机了，故意去彰显，“你看我有德啊，我做了一件好事啊，我帮了你你记住啊”。这种人的心灵是小人之心，君子肯定是不让你知道，帮了你都不想让你知道。这就是“反者道之动”。

大白若辱，大方无隅，大器晚成。大音希声，大象无形。

与前几句同样的道理，描述道与我们的俗见都是相反的；胜义的东西与世俗的东西刚好是相反的；人机与道机，是相反的。所以“人心惟危，道心惟微”（《尚书》），也是表达二者相反的道理。人心都是拿起一把刀，不符合的就砍，而佛是放下屠刀；人机往前走，道机是退着的，所以上文说“进道若退”。

道隐无名。夫唯道，善贷且成。

“善贷”，善于布施，善于帮助别人，好比现在有贷款，给钱给你用。真正的道，不是往自己这里搜刮，而是把自己的给人家，“善利万物而不争”。所以道心和社会人心那一套东西完全是相反的。人都是往上跑，道却是像水一样往下流，往最低洼的地方去。修道与做人其心灵之境界差异太大，所以修道不容易啊，从俗人来看，修道的人那真是傻乎乎，纯粹一个蠢人。老子说“众人察察，我独昏昏；众人昭昭，我独闷闷”，完全与众生是颠倒的。事实上是众生颠倒，众生自己本末倒置，把有形的东西看得比无形重，根本都不知道有是无生出来的，不去抓无反去抓有，这不是颠倒吗？众生就是颠倒的，不颠倒就不是迷而是觉了。

第四十二章

老子说

道生一，
一生二，
二生三，
三生万物。
万物负阴而抱阳，
冲气以为和。人之所恶，唯孤、寡、不穀，而王公以为称。故物或损之而益，或益之而损。人之所教，我亦教之。强梁者不得其死。吾将以为教父。

如来说

我相
人相
众生相
寿者相
无我
若见诸相非相
即见如来

道生一，一生二，二生三，三生万物。万物负阴而抱阳，冲气以为和。

“道生一”，这个“一”就是本体的体性功能，它自然能够生出“二”，也就是阴阳。“负阴而抱阳，冲气以为和”，阴阳二气相冲和，这就相当于佛所说的“能所”，“能”就是阳，“所”就是阴。能所立，阴阳合，就生出“三”，就生出万物。这是描述本体的体性功能起用的次第。这也就是佛所说的四相：我相、人相、寿者相、众生相。一个人，首先是有我相，这是一；有“我”就有“你”，生出二，就是人相；然后有“寿者相”，就是三；最后“众生相”，就是万物。

上面第一段是讲本体的体性功能。那么这个本体，它本身是空性，是空的，没有东西，“视之不见、听之不闻、搏之不得，三者不可致诘，故混而为一”，是这样一个状态。所以是一种空性，是一种无，一切万有从这个无生出来。我们世人只知道有，只看重有形的东西，无形的觉得根本不值一提，无有什么用？都觉得很低贱。这就是不知道所谓高贵的东西实际上是我们认为低贱的那个无形所生的，这就是不懂得无用之用为大用。如果不懂得尊重无形的资产，老是追求有形资产，是成不了大器的。所谓大器晚成，就是不断积累无形资产，而不是像我们现在天天搞有形的，好像成就得很快，事实上成不了什么大事。大器晚成，肯定是先聚了很多势，很多无形的能量，就像孙中山，当年一无所有，就靠一篇文章，结果所有的资本家的儿子都偷了父母的钱跟着他跑，这就是无形资产太厉害。

人之所恶，唯孤、寡、不穀，而王公以为称。
故物或损之而益，或益之而损。

此处的“人”，指普通凡夫，就是闻道大笑的人，他们所不喜欢的、厌恶的，是“孤、寡、不穀”——孤孤单单，吃都吃不饱，很贫穷下贱的样子。“而王公以为称”，“王公”指道者，也就是说众生所讨厌的反而是道者的自居之处，心境时刻处于低下的位置，“大白若辱”。所以道者与凡夫是颠倒的，“反者道之动”的道理。“故物或损之而益，或益之而损”，表示有形与无形也是相互相反的关系。

人之所教，我亦教之。强梁者不得其死。

这就是所谓“神欲使之灭亡，必先使之疯狂”的道理。“强梁者”，自我意识膨胀的人，狂人，越膨胀就肯定离开本体越远，最后一定是“不得其死”，就是不得好死。

吾将以为教父。

我将把“强梁者不得其死”这句话作为纲领，作为箴言。所以如果见到哪个人很狂，你就知道肯定好景不长。一个人为什么狂？因为没道，体内的道气已经消耗殆尽，所以身体自然会产生一种烦躁，然后这个人就开始狂。如果道气充盈，那是非常淡定的，不可能烦躁。所以“高以下为基”，无形的东西没有了，固摄不住，外在的有形就开始狂乱。古人说，“君子爱财”，要“取之有道”，这个道，就是指无形的能量。现在大多数人是以耗掉这个无形的能量为代价，去追求有形的物质，耗到一定时候，他求了很多有形的物质回来，而里面的道气却没有了，掏空了，这个时候他就开始垮了，那么表面上就大肆挥霍，表现自己很牛，然后就开始淫乱，“富贵则淫”，一定是这样，因为他在追求物质的过程中耗得太厉害，里面的水已经干涸了，他本能地就开始晃，相火就妄动，最后“不得其死”。而有道者就不是这样，他的无形的能量很大，不用去追求而万物自然归朝，“执大象，天下往”，于是就“安平泰”，不会出问题，而且能量越大、越够力，这就是“取之有道”。无道，肯定要狂，狂了以后肯定不得其死。所以现在很多人是“君子爱财，取之有盗”，全部是搞阴谋，最后就是不得善终。我们要以此为鉴，要懂得以道为本，切莫自我膨胀，要“孤、寡、不穀”，也就是无我，自然就远离我、人、寿者、众生四相，那就是“见诸相非相，即见如来”。

其实讲来讲去，还是攀缘心和自性的道理。不知自性而随攀缘心所使，就妄作，于是产生共业和别业，接着迷惑在这些共业和别业当中，生出六道轮回，这就是“心生种种法生”，沉沦其中，妄心不断折腾，就从道落入万物的状态。释迦牟尼佛八万四千法门都是讲这个过程，所以《楞严经》里所说的念佛法门，是念自性，念念不离自性。这样不断返还，就是逆修。

第四十三章

老子说

天下之至柔，
驰骋天下之至坚。
无有入无间。吾是以知无为之有益。
不言之教，无为之益，天下希及之。

如来说

万法唯心
心生种种法生心灭种种法灭

天下之至柔，驰骋天下之至坚。无有入无间。

什么是“柔”？什么是“坚”？如果是从物质的形态这个角度来讲，东西是坚，南北是柔。在八卦五行中，南是火，北是水，东是木，西是金。所以我们平常是买“东西”而不会买“南北”，“南北”装不回来，东西才是固体，是坚；水火无固定的形态，是柔。水火一来，东西就顶不住了，因为水火是无坚不摧的，所以“天下之至柔，驰骋天下之至坚”。这是展现以柔克刚的道理。再进一步来看，“至柔”，柔到极处，就是“无”；“至坚”，坚到极处，也就是“有”。“天下之至柔，驰骋天下之至坚”，这就是说无主宰着有。所以“无有入无间”：“无有”（没有“有”），也就是无；“无间”（没有间隙），也就是有，意即无一定充斥在有之中，无论再怎么坚硬，都会被“无”侵进去，“无有”一定入“无间”。

吾是以知无为之有益。

由此我就知道无为的用处。这里点出“无为”之法。怎么样才叫无为呢？只要不执着“有”，就是无为。有为就是执着“有”，只要不执着“有”，就进入“无”的状态，肯定就无为。心不着相，与无为相合，就是“有益”。

不言之教，无为之益，天下希及之。

“希”，稀罕，稀少；“及”，企及。天下人一般都只知道执着“有”，只看见“有”的东西，看不见“无”，所以很少有人知道“无”的道理，体会不到“无”的好处。

本章老子阐述了“无”和“有”两种境界，并点出“无为”之法的稀有和重要。换成佛陀的法教，就是“万法唯心”“心生种种法生，心灭种种法灭”。《楞严经》中说：“觉海性澄圆，圆澄觉元妙。元明照生所，所立照性亡。迷妄有虚空，依空立世界。想澄成国土，知觉乃众生。”这就是告诉我们，众生本来是一片自性光明，突然进入一种无明晦暗的状态，在这种无名的状态中就开始产生一种空无的感觉。在空无中，心里就想要抓一个相，这就是攀缘。因为心有攀缘，于是开始产生“有”。这就是老子所说的“无中生有”的道理，心中开始执着一个“有”。执着“有”的第一件事就是妄立一个“我”，并把“有”作为身体，这就是执着有“我”。我相一立，其对立面人相就跟着建立起来；一有对立两极，就生出动态，就是“无明缘行”之“行”，接着万物生化出来。所以一切都是心生出来的。这个心就是从自性变出来的一个攀缘心、妄心，它制造出各种有，所以一切万有皆由心生，可见心是可以涵盖一切万有的。

但你要懂得回来、返还，不能顺着攀缘的感觉走，攀缘就变万物。老子将此有无之义描述给我们，就是叫我们回头，让我们能够明白“无为之有益”，不要往前攀缘，而要回到自性的状态，开悟。“不言之教，无为之益”就是指回到本体，回到自性的状态。真正进入到自性这样一种无上的境界后，是不需要言语来说教的，它是心心相印的，在同一自性中，马上感受到本体的状态，这就是最高级的灌顶，意传承。若还需要用言语，那是口耳传承，这是非常初级的，所以一般人都懂口耳传承，但是却不懂得不言之教，不懂得无为之益。所以“天下希及之”——世俗的人很难知道胜义的境界。那么当我们把释迦牟尼和老子的见解一互参就可以看到，他们二人其实是心心相印的。

第四十四章

老子说	如来说
名与身孰亲？	众生颠倒
身与货孰多？	妄执为我
得与亡孰病？	心为境转
是故甚爱必大费，	缘生如幻
多藏必厚亡。	能所双亡
故知足不辱，	回头是岸
知止不殆，可以长久。	

这一章老子再次告诉我们要向内返还而不要向外攀缘。

名与身孰亲？身与货孰多？得与亡孰病？

开篇提出三个疑问，这三个问题都是对于“我”来说的。每一个人都有一个“我”，对于“我”来说，“名与身孰亲？”名利与身体，哪个更亲？“身与货孰多？”身体和身外之物哪一个更重要？“得与亡孰病？”得与失，哪个是病？

要想回答这些问题，大家必须要先搞清楚，那个“我”到底是谁？搞不清楚就只是想当然。事实上，这个“我”，若境界低一点来讲，就是以自我意识作为“我”，也就是攀缘心；境界高一点来讲，就是妄执为“我”的末那识、唯识学所说的“第七识”。那么从攀缘心也就是自我意识的角度来看，身体与名利，肯定是先有身体，然后才有名利，所以“身”肯定比“名”亲。身体与外物，肯定也是先有“身”才有“物”，所以“身”肯定比“物”重要得多。“得”与“失”在自我意识的观念中，肯定是认为有得到、有收获是很好、很开心的，而亡失了、失去了是很难过很不好的，所谓“病”。但是实际上一旦生出一个自我意识并且获得一个身体，就已经是“病”，这就是佛家所说的“颠倒梦想”“如梦如幻”，是攀缘心在作怪。所以其实“得”——获得，是一种病；“亡”——放下、把妄想去掉，反而是不病。也就是说，攀缘心一旦获得什么，想获得身体、物质、名利，都是病，是执着于虚幻不实的境相，而放下这些执着、去除攀缘心，是不病。

是故甚爱必大费，多藏必厚亡。

所以，我们想获得什么，也就是“爱”，“甚爱”就是很喜欢这样那样、很想夺取，事实上是“大费”，就是攀缘心往外走，耗费。“多藏必厚亡”，藏一大堆东西，占有一大堆物质，那么你的心就亡失了，被物所夺了，这就是佛说的“心为境转”。

故知足不辱，知止不殆，可以长久。

而修行是要反过来，不能让心被境转，不能被物所牵，不能攀缘。要回头，往回走，所以叫“知足不辱，知止不殆”。“知足”，就是不去攀缘了，不去爱，不去夺取、占有；“知止”，就是攀缘心不动了，不再求这求那，这样“可以长久”——回到本体。只要不往外攀缘，“能所”就会双亡。攀缘心不执着在“所”上，“能”

和“所”就分离，一旦分离二者就消失。由于攀缘心是要依附于相才会产生，不执着外相，它就回到本来，回到自性，就可以长久。

第四十五章

老子说

大成若缺，其用不弊。
大盈若冲，其用不穷。
大直若屈，
大巧若拙，大辩若讷，
大赢若绌。
躁胜寒，静胜热。清静，为天下正。

如来说

一切众生皆具如来智慧德相
然以妄想执着不能证得
若离妄想
则无师智、无碍智、自然智
自然现前

本章提出五个“大”，首先要理解，“大”就是道，那么“成”“盈”“直”“巧”“辩”，都可以来形容道，因为道是无处不在、无所不能的，一切由它生化。一旦我们从凡夫、从万物的境界，来揣测道的境界的时候，你就摸不着头脑。因为我们用的是后天意识，用的是肉眼，而道是与之相反的，所以你看到的是“缺”“冲”“屈”“拙”“讷”。

大成若缺，其用不弊。大盈若冲，其用不穷。大直若屈，大巧若拙，大辩若讷，大赢若绌。

道是“大盈若冲”，它本来是充满的，遍布一切处的，而你看到的是虚无，好像什么都没有，“冲”是冲虚，虚无的意思，就是根本看不见。同样地，道的“成”“直”“巧”“辩”，众生也根本无法领会，在众生眼中看来是“缺”的、“屈”的、“拙”的、“讷”的。这就是在描述自性的功用是无所不包的，“其用不穷”，但用后天意识无法理解，所以我们看这个世界觉得有缺陷，而实际上在自性的状态中根本不存在这个问题。自性是“其用不弊”，没有所谓缺不缺陷。所以一个道者的心里是没有任何矛盾的，他不可能觉得哪个地方有问题、哪个地方没问题，一切对于他来说都是很自然、随缘的。就像佛陀开悟后说“一切众生皆具如来智慧德相”，就是说万物在他看来皆具佛性，样样都是佛，哪有什么问题不问题。这就是正等正觉，何弊之有？

躁胜寒，静胜热。清静，为天下正。

但是众生不是正等正觉，不是用智慧而是用“识”——自我意识、俱生我执识等——来看这个世界，所以就有“躁”和“寒”的分别，就会有两极相生相克的状态，“躁胜寒，静胜热”，就是描述这种一物降一物的状态，这是肉眼凡胎所看到的现象。而在道者眼中，在佛眼看来，根本没有这些对立的东西，而是回归到清静无为状态，本来的状态，“清静，为天下正”，本体的体性功能很自然地就是这样，无所谓“静”“热”“躁”“寒”。

所以老子反反复复地描述一个道者是什么样的，而一个俗人是什么样的，以对比的方式希望我们能搞清楚到底怎么回事，然后我们应该往哪个方向走。很多人都是走错方向，往越来越俗的方向去走，往“道生一，一生二，二生三，三生万物”这个方向，这是变成众生，众生必然是拿起屠刀往前砍。反过来，一个道者是放下这一切，回头走，“人法地，地法天，天法道，道法自然”，走上回家的路，最后归到自然，自然就是清静，是为“天下正”。

第四十六章

老子说

天下有道，却走马以粪；
天下无道，戎马生于郊。祸莫大于不知足，
咎莫大于欲得。故知足之足，常足矣。

如来说

自性
攀缘心

天下有道，却走马以粪；天下无道，戎马生于郊。

熟悉马的人就知道，马跑一跑就会排便，“走马以粪”，这是描述一种常态的、很自然的情况。“戎马”，战马，已经不是常态下的走马，而是在“郊”——战场上，奔跑争斗。这是以马的两种不同状态来比喻人心的变化。一匹马，是平常的走马还是变成战马，关键在于人如何使用它。如果人心是一种抢夺，是为自己的欲望、利益、主张而斗争，或者为控制欲、占有欲而奔走的状态，就是“戎马生于郊”，此时，心处在攀缘、往外斗争的状态，这就是“无道”。如果是“有道”，心是返还、无为的，这时一定是很自然的。所以是以两种马的区别来比喻“有道”和“无道”。

祸莫大于不知足，咎莫大于欲得。

当心变成“戎马生于郊”这种状态时，已经是“祸”，是“咎”。这都是因为心“不知足”、心“欲得”，就是攀缘。

故知足之足，常足矣。

所以要知足，而不要贪、嗔、痴。关键是贪，一有贪而得不到就起嗔心，然后又很顽固地有一个什么主张，这就是痴，“只有我这个主张正确，你们的都不对”，这样吵一吵就打起来，就发生争斗。现在社会上很多是这样的原因而起争斗，包括人与人之间，乃至国家与国家之间、宗教与宗教之间的斗争。比如我是一个什么主义，你是另一个主义，一下分出不同阵营，吵吵就打起来，实际上都是心的使然。所以人的攀缘心是很可怕的，可以制造很多灾难。因此要放下，庄子就说：“不如相忘于江湖。”

第四十七章

老子说

不出户，知天下；
不窥牖，见天道。其出弥远，
其知弥少。是以圣人不行而知，
不见而明，不为而成。

如来说

般若波罗蜜
智慧到彼岸

本章阐述了人类认识能力的两种境界：一种是彼岸的智慧，一种是世俗的知识。一般人所用的是后者，属于后天的能力；而圣人所用的是前者，先天的能力。这两种境界的方向是相反的，即佛说的“彼岸智慧”和此岸世间智的差异。

不出户，知天下；不窥牖，见天道。

不出门户，就能知天下；不视窗外，就能知晓天道。这就是彼岸的智慧，是一种往内走的方向，进入无眼、耳、鼻、舌、身、意的状态，不断深入，直至回归到道的境界、如来境界。此时肉眼自然上升到天眼，那么肯定能知晓天道，不需要开窗户看，就是“不窥牖，见天道”；而“不出户，知天下”，就是慧眼的境界，那么不断向内深入，乃至法眼、佛眼，都会出现。实际上五眼六通（肉眼、天眼、慧眼、法眼、佛眼；天眼通、天耳通、神足通、宿命通、他心通、漏尽通）都是修行的副产品，是在往内走的过程中的必然产物。

其出弥远，其知弥少。

那么如果反过来，往外走的方向，“其出弥远，其知弥少”，越往外走，知道的越少。因为只有一个肉眼凡胎，只知道用眼、耳、鼻、舌、身、意去追求外面的物质，这样一种探索的方式只可能越知越少，而且肉眼所看到的多数只是幻觉，真相是超越有形世界的。

是以圣人不行而知，不见而明，不为而成。

圣人，有道之人，根本不用世俗的知识，所以“不行”“不见”“不为”，他是进入无眼、耳、鼻、舌、身、意的状态，以彼岸的智慧，洞见一切，即佛陀说的“般若波罗蜜”。

第四十八章

老子说

为学日益，为道日损。
损之又损，以至于无为。无为而无不为。
取天下常以无事，及其有事，不足以取天下。

如来说

转识成智
彼岸智慧

本章承接前章的内容，描述了此岸与彼岸两种境界之智慧的差异。

为学日益，为道日损。损之又损，以至于无为。无为而无不为。

“益”，增加；“损”，减少。当我们“为学日益”的时候，就是世俗的知识，用的是眼、耳、鼻、舌、身、意；“为道日损”的时候，是彼岸的智慧，无眼、耳、鼻、舌、身、意。在“损”的过程中，可以“转识成智”，即佛家唯识学所描述的：把眼、耳、鼻、舌、身前五识，转为“成所作智”；把第六意识转为“妙观察智”；把第七末那识转为“平等性智”；把第八阿赖耶识转为“大圆镜智”。这是在“损之又损，以至于无为”的过程中，所达到的境界。

那么可以“无为而无不为”——当往内走得越深入，证入大圆镜智的境界，那时像镜子一样照显一切世间山河大地，无所不知。

取天下常以无事，及其有事，不足以取天下。

事实上天下哪来的呢？就是如来藏的产物，是道生出来的。只要无为，直至回归于道，当然可以取天下，所谓“执大象，天下往”(第三十五章)，道理是一样的。相反，如果“及其有事”，有为地去搞，离道越来越远，肯定是“不足以取天下”。

第四十九章

老子说

圣人无常心，
以百姓心为心。
善者，吾善之；不善者，吾亦善之，德善。信者，吾信之；不信者，吾亦信之，德信。
圣人在天下，歙歙焉，为天下浑其心。百姓皆注其耳目，圣人皆孩之。

如来说

一即一切
一切即一

圣人无常心，以百姓心为心。

“圣人”，就是道者，他无时无刻不处于道的状态。道所展现的相貌，在俗人看来，是无常的、无法把握的，就好像天地在春夏秋冬四季中不断地变化，所以“无常心”是道者在俗人眼中的样子。实际上道者的心时刻处在自性的状态，这种自性的状态是无所谓常与不常的，它是非常自然的，能够与万物同步，是“和其光，同其尘”（第四章）的状态，这就是“以百姓心为心”：所有的百姓，甚至不光是人，一切万物，所有的生命，道者都能与之“同”，他的心与万物的心是一样的。这样的心境是一种天真、无为的状态，就像小孩一样，所以最后一句说“圣人皆孩之”。

善者，吾善之；不善者，吾亦善之，德善。信者，吾信之；不信者，吾亦信之，德信。

道者处在自性的状态，不管你善还是不善，信还是不信，他应万物而不变，不管你是什么方向、什么风格，他都是随缘应化，这是道的品质、是自性功能的体现。

圣人在天下，歙歙焉，为天下浑其心。

“天下”，是放大、无所不包的状态；“歙歙”，收拢，向内收的样子。“歙歙焉”，就是把天下混而为一，天下就是把一放大，这就是所谓“一即一切，一切即一”的境界，所以“为天下浑其心”。就是说圣人没有分别，没有私利心，处在“一”的状态，但是居一而能应天下，天真活泼，一切万物无所不应。这是描述道者入世时的风范。

百姓皆注其耳目，圣人皆孩之。

这里展现出圣凡两种境界的差异：凡夫是“皆注其耳目”，这里看看、那里听听，不停地分别，流连于外界的声色；而圣人，一个道者，他是“一”的状态，根本不分别，没有好不好，在他看来都一样，就像一个婴孩一样，很天真单纯的样子。

第五十章

老子说

出生入死。
生之徒，十有三；
死之徒，十有三；
人之生，动之死地，亦十有三。
夫何故？
以其生生之厚。
盖闻善摄生者，
陆行不遇兕虎，入军不被甲兵；
兕无所投其角，虎无所措其爪，
兵无所容其刃。夫何故？以其无死地。

如来说

因果
自性
肉眼
天眼
法眼
慧眼
佛眼

出生入死。

出生必然入死。这是描述我们的身体、肉体，有生就一定有死。生死是两极，生是因，死就是果，生死二相本身是一对因果，这是必然的。生死二相，有其特征：

生之徒，十有三；死之徒，十有三；人之生，动之死地，亦十有三。

在从生到死的过程中，生的状态，就是那种活泼泼的，活得蛮好的时候，大概占十分之三；死的状态，就是活得不好的、病痛难过的时候，占十分之三；还有一种“人之生，动之死地”，“死地”就是形容飞来横祸的状态，这是刚好去到某个地方结果撞上倒霉或危险事情的时候，也占十分之三。

夫何故？以其生生之厚。

为何会这样呢？因为太看重这个肉体生命了。从古到今人们都讲究养生，“以其生生之厚”，太执着于肉体之生。然而有生必有死，这是因果，所以生死等分各十分之三的结果是必然的，跑不掉的。当注重肉体之生的时候，已经落入死局了。

但是十分之三分之后还余有一分。这余下一分才是老子所要说的重点。前面三分，都是世俗谛的情况，余下一分，是胜义谛。

盖闻善摄生者，陆行不遇兕虎，入军不被甲兵；兕无所投其角，虎无所措其爪，兵无所容其刃。

我们的生命中，除了肉体之外，其实还有一个自性，这就是“盖闻善摄生者”。“摄生”，就是可以控制生命，而不仅仅是“养生”，是完全可以主宰这个肉体。那么何人能“摄生”呢？只有肉体的主人。这个主人就是我们的自性，也就是余下的那一分。所以说“天得一以清，地得一以宁，谷得一以盈，万物得一以生”（第三十九章）。就是这个“一”，是最关键的。

这个摄生之“一”者，厉害到什么程度呢？不入死地。所以“善摄生者”：“陆行不遇兕虎，入军不被甲兵”。“兕”，是犀牛；路上不会遇见犀牛、老虎，打仗不会遭遇强兵。这两句都是比喻安住自性的人不会遭受飞来横祸。而且“兕无所投其角，虎无所措其爪.兵无所容其刃”——即算是碰上了，犀牛也没办法用角顶，老虎也下不了爪，兵也不知道往哪里砍。其实一个道者，他与一切万物“同”，可以与万物交流、对话，所以这些动物根本也不会去伤害他。从功夫来说，开启喉轮就可以有这样的能力，在密宗属于秘密灌顶的内容；那么如果心轮打开，是智慧灌顶，修证到了，可以令河水倒流。

夫何故？以其无死地。

为什么一个道者能这样呢？因为没有死地。自性是一种空性，是空无的，无形无相，没有生死，所以任何威胁都伤害不到。更何况证入自性的人，得到五眼六通，即使有什么事情，事先也早已经知道了。打个比方（只是权宜之说，不一定准确，莫要执着）：以五眼为例，天眼是能看得见世间、出世间的一切，但无法了解其来龙去脉，所以能够不开窗而知外相；慧眼是可以了解万物的来龙去脉，比如看到一个杯子，就知道它生产于何处、何人何时购买、材质如何、将来何时何处因何缘由破碎，相当于有宿命通；法眼是看到之后还可以让它改变，可以转物，比如一朵花，看到了之后可以让它常年不凋谢；而最高的佛眼境界，是完全自动化，看到了根本不去想要怎么弄，自然而然随缘而变化。菩萨还不能自动化，只有佛可以？这就是“善摄生者”，也就是自性，也就是道。

第五十一章

老子说

道生之，德畜之，
物形之，势成之。
是以万物莫不尊道而贵德。
道之尊，德之贵，
夫莫之命而常自然。
故道生之，德畜之，
长之育之，亭之毒之，养之覆之。生而不有，为而不恃，长而不宰，是谓玄德。

如来说

自性
能所
心生种种法生
心灭种种法灭
观自在

本章阐述了“道”与“德”。道为体，德为用，德是道的功能。

道生之，德畜之，物形之，势成之。是以万物莫不尊道而贵德。

世间一切万物，都是由道生一、一生二、二生三如此生化出来的。道所生的这个“一”，就是本体的体性功能。体性功能就是“德”，它可以展现一种动态，而且有其运动的规律和模型。中国上古文化的经典《黄帝内经》《阴符经》，对“德”之模型有详细的阐述，将此模型表示为阴阳、五行、八卦、甲子，包括十天干、十二地支、春夏秋冬四象、太极等，这些都是描述“德”的功能。

“德”的功能，布施于天地之间，万物就承受。一旦承受就有五行，就有生、长、化、收、藏，这就是“物形之”，万物就开始形成。在形成的过程中，就有“势成之”，“势”，就是动态的惯性、轨迹。“是以万物莫不尊道而贵德”，万物就是道与德生出来的，当然是“尊道而贵德”。

道之尊，德之贵，夫莫之命而常自然。

道的尊、德的贵，到什么程度呢？“夫莫之命”——没有什么可以命令它，“而常自然”——它只按照自己的样子在运动。所以“道法自然”，它不可能听命于其他的东西，这是本体所体现出来的自在，这就是佛说的“观自在”，庄子说的“逍遥”。

故道生之，德畜之，长之育之，亭之毒之，养之覆之。

这就是生、长、化、收、藏的过程，是道和德推动整个万物变化发展的过程，是本体的功用。

生而不有，为而不恃，长而不宰，是谓玄德。

这是描述道的品质。道生化万物、成就万有，而毫无私心，不占为己有，根本不认为是自己的功德，“长而不宰”，即使具有主宰万物的能力，也不去主宰、干扰。一切无为而无不为，这就叫作“玄德”。

本章的内容，若从佛法的角度来理解，道就是自性，德就是能，物就是所。自性是本体，能所是其所展现出来的功用。能所一旦展现出来，就形成了一种对待，这个对待就形成一种“势”，就开始转起来，万物就不断地产生、不断地变化、不断地生灭，由此生生灭灭，变化无常。所以没有一样东西不是我们的自性所起用的能，生化出来的。这就是“万法唯心”，就是“心生种种法生，心灭种种法灭”。这里所说的“心”，就是攀缘心，此心就是德，所以“贵德”，我们万物都是跟着这个攀缘心转，它就是本体体性功能的展现。当攀缘心与所相结合，就开始转，就产生一股势，所以有大势至菩萨，能所这股势力一来，根本挡不住，就像太极一样转起来，对待、流行、化生就依此而产生。那么追根溯源，就是我们的心造出来的。所以当我们的心开始分别这个好那个不好，分别意识一起，就开始流转于生死中，从此就在轮回苦海中头出头没，迷于天地万物间，这就是人世间的必然规律。

若要跳出轮回，必须回到道体本身，因为道是真正的大自在，是一切之母，“莫之命而常自然”，不可能受制于任何东西。所以佛陀的法——“观自在”，就是找到自性，只有自性是真正逍遥的，是如如不动的。它“生而不有，为而不恃，长而不宰”，从来没变过，只不过是攀缘心在执着，攀缘心就是生而有，为而恃，长而宰，而自性是无为而治，所以密宗大圆满法是“任任无为”，这就是“玄德”。

佛道两家，讲来讲去都是一个核心问题：即道与德，及其所展现的相，也就是上文中的“万物”；在佛家就是自性与攀缘心，及其所缘境。所以修佛也好修道也好，概括地来讲其实很简单，即学会无为，也就是不攀缘外境，对境之时，随遇而安，不要执着即可，这样就能返还本来，真正自在。

第五十二章

老子说

天下有始，以为天下母。
既得其母，以知其子；
既知其子，复守其母。
没身不殆。
塞其兑，闭其门，
终身不勤；
开其兑，济其事，
终身不救。见小曰明，守柔曰强；
用其光，复归其明，无遗身殃。
是为袭常。

如来说

自性
能所
念念不离自性
于第一义而不动
无眼耳鼻舌身意
无色声香味触法
一切圣贤
皆以无为法而有差别

天下有始，以为天下母。既得其母，以知其子；既知其子，复守其母。没身不殆。

“天下有始，以为天下母”，天下的初始，就是道，它是天下之母，地法天，天法道，一切都从道生出来。“既得其母，以知其子”，懂得了道，当然就懂得了天下，或者说懂得道就懂得天，懂得天就懂得地，懂了地就懂万物。“既知其子，复守其母。没身不殆”，能够认识子，是因为知道了母，所以认识其子之后，回守其母，这样就不失其本，从而能够没有灭亡。

上文是讲修行的原理，下面开始讲述具体的方法。

塞其兑，闭其门，终身不勤；开其兑，济其事，终身不救。

把嘴巴堵住，把眼、耳、鼻、舌、身、意封住，终身不要去努力、人为地折腾，不要去追求万物、追求物质富有的成功，因为其实那是最大的失败——“开其兑，济其事，终身不救”——如果去折腾、去占有，眼、耳、鼻、舌、身、意攀缘不断，“终身不救”，只有死路一条。这一段的意思在常人来看根本难以接受，因为老子所说的是胜义谛的内容，与世俗谛是正好颠倒的。世人肯定是追求物质、努力奋斗、希望功成名就，这实际上是成魔；而出世间法，回头走，这是成道。就只看你往哪边去走了。

见小曰明，守柔曰强；用其光，复归其明，无遗身殃。是为袭常。

“见小曰明，守柔曰强”，这就是描述世俗与胜义的方向是相反的：世俗谛肯定是往扩张、占有，往大的方向走，而胜义谛是往收拢、放下，往小的方向走。世俗谛肯定是刚强胜柔弱，而胜义谛是柔弱胜刚强。“用其光，复归其明”，“明”就是“道”；“光”就是道之起用，就是“德”。也就是说我们在用“德”的时候，要知道守住“道”。“无遗身殃。是为袭常”，守住本来，就没有殃祸灾难，而且要把这种方式作为平时的榜样，或者说一种生活的模式，平时生活中每时每刻都要这样守住本来，否则就是反方向，就招致“身殃”，就“终身不救”。这一章如果从佛法的角度来解：“天下有始，以为天下母”，就是描述自性生出了能所。“母”是自性本体，“子”就是体性功能，就是能所。“既得其母，以知其子，没身不殆”，“子”是自性的起用，就是“光”，就是能所，也就是攀缘心和外境，变成了善分别；在善分别的时候“复守其母”，这就是于第一义（自性）而不动。所以这一句也就是“用其光，复归其明”的意思。“没身不殆”，这样念念不离自性，而自性本是不生不灭，何殆之有？而且也必然是“无遗身殃”。如此修去，“是为袭常”，禅宗所谓“行住坐卧不离这个”。所以有体有用，并不是说什么都不知道，而是“用其光，复归其明”，于第一义而不动。

反过来，“开其兑，济其事”——如果我们念中生念，攀缘心不断，那就落入轮回，“终身不救”。所以要“塞其兑，闭其门”，无眼、耳、鼻、舌、身、意，不于六根上攀缘，那么六尘（色声香味触法）自然就被封住了，“终身不勤”，根本不往外跑，只安住在自性上。《金刚经》上说“一切圣贤皆以无为法而有差别”，就是说一切圣贤都是无为之法，只因无为之程度不同而有差异。一旦有为就是往外走，就是“勤”。所以要反方向走，要“见小”，要“守柔”，才能“用其光，复归其明”。

第五十三章

老子说

使我介然有知，
行于大道，唯施是畏。大道甚夷，而人好径。
朝甚除，田甚芜，仓甚虚；服文彩，带利剑，厌饮食，财货有余。
是为盗夸。非道也哉！

如来说

心外求法
是为外道

使我介然有知，行于大道，唯施是畏。

“介然”，一点点、稀少的样子。这句话的意思是，在修行证道的路上，若有一点点的知，都是一种障碍，都很可怕。所以老子一贯是“无知”（第三章）、“尚知不知”（第七十一章），一有知，哪怕只是一点点，对修行来讲，都感到很恐惧，“唯施是畏”。

大道甚夷，而人好径。

真正大道是平坦直白的，而俗人凡夫喜欢攀缘、喜欢名利，只愿意走捷径，只想速成。

朝甚除，田甚芜，仓甚虚；服文彩，带利剑，厌饮食，财货有余。

“朝甚除，田甚芜，仓甚虚”，这是形容生命的无常，时间一晃就过去了，生命很短暂，不断在衰老消殒，而我们都不懂得珍惜，我们浪费着时间浪费我们的慧命在干什么呢？“服文彩，带利剑，厌饮食，财货有余”，就是要吃好的、穿好的，要一大堆财产，然后为了这些彼此之间相互争斗。那么老子对这种生活的评价是什么呢？

是为盗夸。非道也哉！

“是为盗夸”，这是强盗啊！我们已经变魔了，这就是魔道！“夸”，就是标志、标杆，“盗夸”是成魔的标志。所以我们看现代社会，所谓成功的标志就是谁有钱，谁钱多，而老子明确指出，这是魔道的标志。“非道也哉！”这是老子发出的感叹。

那么从佛法来看，在回归自性的状态中，只要有一点攀缘心，我们就离自性很远，心中会很不安。这是修道的方向来看。本来大道是很平常，守住第一义就行了，本来是很容易的事情，而俗人不懂，守不住平常大道，他的方向就喜欢往歪门邪道上走，这就叫“外道”——心外求法，喜欢往外走，心向外攀缘，追逐一切声色外物。所以心外求法就是“盗夸”，魔道的标志，“非道也哉”，不是我们说的正道啊！

第五十四章

老子说

善建者不拔，
善抱者不脱，
子孙以祭祀不辍。
修之于身，其德乃真；
修之于家，其德乃余；修之于乡，其德乃长；
修之于邦，其德乃丰；修之于天下，其德乃普。故以身观身，以家观家，以乡观乡，以邦观邦，以天下观天下。吾何以知天下然哉？以此。

如来说

是诸法空相
不生不灭
不垢不净
不增不减
山河大地皆如来

善建者不拔，善抱者不脱，子孙以祭祀不辍。

在世间，不论多么精巧的建筑或多么周密的计划，只要你有为地用机巧、用力量，去建一个东西出来，肯定有一个比你更聪明、更有力量的东西，拔去，或者说，超越你的所建。同样的道理，力气再大，抱起很重的东西，但总会有比你更厉害的人。这就是“一切有为法，如梦幻泡影，如露亦如电，应作如是观”，是“诸行无常”，一切有为法根本是不可能长久的；也就是第一章所讲，“可道非常道，可名非常名”。

那么只有道，无为之法，“独立而不改，周行而不殆”，所以“善建者不拔，善抱者不脱”描述的就是道。道建，拔不了，道抱，脱不了。这以佛家的语言来说，就是自性是不生不灭、不垢不净、不增不减的，没有什么能动摇得了它。所以“子孙以祭祀不辍”，天下万民万物，天天在用道，从来没有停止过，都是被自性生出来的。

修之于身，其德乃真；修之于家，其德乃余；修之于乡，其德乃长；

修之于邦，其德乃丰；修之于天下，其德乃普。

道，或者说，自性，它是一种空性，根本看不到的，无我的，空的。它是像镜子一样，本身没有东西，但无论什么东西一来，就显现出那个东西的样子。所以身来见身，家来见家，乡来见乡，国来见国，天下来见天下。这就是大圆镜智的境界，一照上去，本来是什么就是什么，因为它无我。而我们人人有我，有我执，所以一切用“我”来看，看世间一切都是拿“我”来衡量，以自我意识来投射一切，那怎么可能知道真相呢？那么清楚了这一点之后，要以道、以自性“修之于身”，其德才会真；以道“修之于家”，才会德余；以道“修之于乡”，“其德乃长”；以道“修之于邦”，“其德乃丰”；以道“修之于天下”，其德乃普”。

故以身观身，以家观家，以乡观乡，以邦观邦，以天下观天下。

道，是没有执着的，它是无相之相，而能摄一切万相。所以，若以道修之于身、家、乡、国，乃至天下，那么身、家、乡、国，乃至天下，一切契入于道，每一个都有道。“故以身观身，以家观家，以乡观乡，以邦观邦，以天下观天下”，就是说要以道、以自性之身来观身，乃至观天下，因为这都是自性生出来的，“山河大地皆如来”；而不要站在自我意识的角度，要无我。

吾何以知天下然哉？以此。

我以什么知晓天下一切呢？以道。老子观天下一切，皆以道见而不是人见，是在无所不包的自性中、在大圆镜智的境界里，观世间一切法，这才能懂得天下，懂得真相，就是“正遍知”，没有什么不知道。

第五十五章

老子说

含德之厚，比于赤子。
毒虫不螫，
猛兽不据，
攫鸟不搏。
骨弱筋柔而握固，未知牝牡之合而朘作，精之至也。终日号而不嗄，和之至也。
知和曰常，知常曰明。益生曰祥。心使气曰强。物壮则老，谓之不道。不道早已。

如来说

一切有为法
如梦幻泡影
如露亦如电
应作如是观

本章讲“德”。德，是道的德，也就是本体的体性功能。老子通过初生婴儿来向我们比喻。

含德之厚，比于赤子。

赤子就是初生的婴儿，比喻一种先天的状态。在先天状态，生命所含藏的体性功能非常深厚，因后天的识神还未发生，尚处在圆融的自性中。然而虽以自性为主体，但已然降生在“有”的世界，进入到了起用的状态，这就是一种功能态。自性的体性功能，有不同的层面。从道家来讲，就是元精、元气、元神。从佛家来讲，就是法、报、化三身。法身空性，报身光明性，化身是物化性。所谓物化，也就是道家讲的“精”；光明性，就是“气”；空性，就叫“神”。那么初生婴儿尚处在体性功能十分充沛的阶段，还没有物化，没有往攀缘心的方向起用，所以“含德之厚”。

毒虫不螫，猛兽不据，攫鸟不搏。

初生婴儿心性无染，处在自性圆融的状态，没有分别对立；而世间一切生灵，只要没有与其产生对立，就不会随便害人，所以婴儿不受虫蛇、猛兽、飞禽的伤害。社会新闻曾报道的狼孩、虎婴等等，就是这个道理。实际上动物认知世界的方式非常敏感，两方相对之时，第一时间就能敏锐地觉察到你的气机。当你有杀气，或者有恐惧等，只要你心一动，没有处在安住无染的状态，它马上知道，它能感受到那股气息，然后它会做出相应的反应。如果你的心安住不动，是一种空的状态，根本不与之产生敌对，动物就不会伤害你。

骨弱筋柔而握固，

心如赤子般处于自性之中，还会“骨弱筋柔而握固”，婴儿的手就是以其余四指蜷住大拇指，“握固”，而且全身筋骨柔软。

未知牝牡之合而朘作，精之至也。终日号而不嗄，和之至也。

婴儿不知男女之事但生殖器自然会勃起来，这就是“精之至”的缘故，精气很足。“终日号而不嗄，和之至也”，终日不停地啼哭，但喉咙不会沙哑，这就是因为气很足、很和的缘故。

知和曰常，知常曰明。益生曰祥。

气随心走，婴儿的心不往外攀缘，常处在自性本来的状态，就能一团和气，这就是“常”；守住本来不动，不起攀缘，这就是“明”。这时精、气、神合而为一，如如不动，德性自然深厚，这种能量充沛的状态对于生命来说当然是最为有益的，叫作“祥”。所以我们普通讲“祥和”，又祥又和，就是这个意思。

心使气曰强。物壮则老，谓之不道。不道早已。

反过来，老子举反例给我们看：如果用后天识神、攀缘心，这就是“心使气”，叫作“强”。心一旦用强，就必然往生长、壮大、衰老、灭亡的方向走去，因为无法一团和气，无法含德深厚，只能是不断地消耗殆尽。这就是“物壮则老”，叫作“不道”，离开道了，离开自性了。“不道早已”，一旦离开道，不知守住本来，那么很快就销殒了。

所以我们人一努力奋斗的时候，就是在往火葬场的方向跑，“物壮则老”，“不道早已”。所以人要知常，气要和，心莫使强，要回归三身抱一而含德深厚的状态，安住于自性中。

第五十六章

老子说

知者不言，言者不知。
塞其兑，闭其门，
挫其锐，解其纷，和其光，同其尘，
是谓玄同。
故不可得而亲，不可得而疏；
不可得而利，不可得而害；不可得而贵，不可得而贱。
故为天下贵。

如来说

我说胜义，不可言说

汝现前眼、耳、鼻、舌
及于身心
随拔一根
脱黏内伏
伏归真元

天上地下唯我独尊

知者不言，言者不知。

“知者”，知什么？“不知”，不知什么？实际上知与不知是描述见性与否。因为自性是空性，是无法言表的，所以“知者”，见性的人，“不言”，不会夸夸其谈，根本没办法讲。而“言者”，总是口若悬河，滔滔不绝，甚至说自性是什么是什么的人，肯定“不知”，没有见性。这就是第一章所说：“名，可名，非常名”——可言说的皆非道。这就是佛在《解深密经》中说：“我说胜义，无相所行。我说胜义，不可言说。我说胜义，绝诸表示。我说胜义，绝诸诤论。”

“胜义”就是自性。而老子是“强名曰道”。这都是告诉我们，自性是无法言说的。

塞其兑，闭其门，

“兑”，兑卦，代表嘴巴；“门”，九窍，两眼、两鼻孔、两耳、口、前阴、肛门。因为道不是我们以眼、耳、鼻、舌、身、意这六根可以感知到的，禅宗叫作“六根门头”，一定要关闭它，不闭无法见道，因为它们是往外攀缘的。要六门紧闭，回光返照，所以“塞其兑，闭其门”是修行的具体方法，以道家的话来讲就是关闭阴六根（眼、耳、鼻、舌、身、意），进入定境，方能开启阳六根。释迦牟尼佛也曾明示此法门。《楞严经》所载，阿难向佛启问，如何获得如来无余涅槃，入佛知见，佛即指明“汝现前眼、耳、鼻、舌，及与身心，六为贼媒，自劫家宝”，当于六根，“随拔一根，脱黏内伏，伏归真元，发本明耀。耀性发明，诸余五黏，应拔圆脱。不由前尘所起知见，明不循根，寄根明发。由是六根互为相用”。这里所说的“六根互为相用”，就是道家所说的开启阳六根。明代禅宗憨山大师亦说，见闻觉知即无明壳。憨山所说的见闻觉知，就是运用六根的后天人为意识，正是障蔽自性光明，堕入生死轮回的根咎，修行必须要透破这层后天无明，恢复到先天的状态，才有可能证道。

挫其锐，解其纷，

除了关闭色身六门，还要修心，内心要放下争斗，不攀缘，不分别。一有分别就落端，就是一种尖锐，就引发争斗。我们普通讲心里面很纠结，意识的纠结，就是“纷”。所以上一句是强调肉体，这一句是强调意识思想，因为我们总把肉体当成是自己，是“我”；肉体一不行了就把这个意识当成是“我”。这些其实都是纷争、纠结，因为当我们把这二者认成是自己的时候，我们就开始执着，而且自我膨胀，认为这个“我”很能干，很了不起，然后就开始扩张、占有、控制，一旦达成不了，就痛苦烦恼。所以这些纷乱必须把它消掉，也就是要消除我们的自我意识。

和其光，同其尘，是谓玄同。

从封闭六根门头再到使心底的根尘脱落，一旦脱落，自然能够“和其光，同其尘”。根尘不脱落不可能和光同尘，你还有自我，怎么可能容得下这个世界呢？而一旦没有自我执着，就根本没有对立，处在与一切万有同步的状态，这样叫作“玄同”。这是和一切融为一体的状态，一切都是你生出来的，才发现一切天地万物皆由我自性所藏。

故不可得而亲，不可得而疏；不可得而利，不可得而害；不可得而贵，不可得而贱。

当处在“玄同”状态的时候，你已经没有攀缘心，没有分别心，自然没有亲、疏、利、害、贵、贱的区别。

故为天下贵。

什么为天下贵？道。自性。所以佛说“天上地下唯我独尊”，这个“我”指的就是自性。

第五十七章

老子说

以正治国，

以奇用兵，以无事取天下。吾何以知其然哉？以此：天下多忌讳，而民弥贫；人多利器，国家滋昏；人多伎巧，奇物滋起；法令滋彰，盗贼多有。故圣人云："我无为，而民自化；我好静，而民自正；我无事，而民自富；我无欲，而民自朴。"

如来说

观自在

以正治国，

首先什么是正？老子在前面的章节已经讲到了，"清静，为天下正"(第四十五章)，也就是本章最后一段讲到圣人云："我好静，而民自正。"所以"正"，就是清静，也就是没有分别。禅宗六祖慧能大师曾传授"无相三归依"："佛者，觉也；法者，正也；僧者，净也。归依觉，两足尊；归依正，离欲尊；归依净，众中尊。"这就是以清静离欲的本觉为正，平等没有分别。实际上一旦你的心平等没有分别，正气就显露出来，道家叫作"阴阳和"，这是中正之法。能以此“治国”，国就是你的身体，把心调到一种清静无分别的状态，这个时候就是最后一段讲到圣人云：“我无为而民自化”，人机不动天机自动，身体气机自然调和。

以奇用兵，

反过来，心有分别，有为法，就是“以奇用兵”。何谓用兵？就是我们的身体受到外邪的侵害，比如受寒了，这时有为地运一下功，发汗排寒，这是不得已而为之。因为正气是我们自身具备的，故要守护抱一。这样当外来的邪气侵犯身体时，你才能够用兵御敌。

以无事取天下。

这就是吕洞宾说的“养气忘言守，降心为无为”，也是老子在前面篇章所说的“执大象，天下往”。只要守住本来，清静无为，则一切自如。而不要老是用兵，一天到晚用攀缘心折腾，要“无事”，念念不离自性，安住。

这前三句是本篇的总纲，简而言之就是四个字：清静无为，也就是佛陀在《心经》中说的“观自在”。

吾何以知其然哉？以此：

我为什么知道要这样清静无为呢？因为下面的事例。接下来老子就开始举例子：

天下多忌讳，而民弥贫；人多利器，国家滋昏；人多伎巧，奇物滋起；法令滋彰，盗贼多有。

“多忌讳”“多利器”“多伎巧”，都是描述太有为了，心太纷乱了，这样肯定是“民弥贫”“国家滋昏”“奇物滋起”“盗贼多有”。好比有的人练功，一会儿意守上丹田，一会儿意守下丹田，这就是“利器”，那身体气机肯定就一片混乱，所以一定要自然，要“柔弱胜刚强”。过于人为使然，是“心使强”，更有甚者，还“法令滋彰”：这个不行、那个不行，这个一定要这样……好像戒律清净的样子，这都容易出问题，因为太不自然，不合于本来。不合于本来，身体的气机就分布不均，比方你故意气存丹田，搞久了没气的地方就开始抢，这就是“盗贼多有”，整个乱套。

故圣人云：“我无为，而民自化；我好静，而民自正；我无事，而民自富；我无欲，而民自朴。”

这个结论，我们用大白话简单点说，就是不要没事找事，不用去多管、多算计什么，一切随缘，天人合一。如此一切自然会有规律有条理地运转，气机自己会流动变化。当今这个社会这个时代就是心太纷乱，物欲横流。那么圣贤告诉我们，要学会无为，心要清静，不要落入纵情纵欲的欲界，也不要落入总是想东想西的想蕴。想蕴就是佛说的色、受、想、行、识这五蕴之一，人就是被五蕴牢牢地框住了。所以佛在《楞严经》的后面部分教你怎么破五蕴，怎么打破这些重重乌云一样的障覆，而见到自心的光明，回到自性中去，得到真正的大自在。

第五十八章

老子说

其政闷闷，
其民淳淳；
其政察察，
其民缺缺。祸兮，福之所倚；
福兮，祸之所伏。
孰知其极？其无正也。
正复为奇，善复为妖。人之迷，
其日固久。是以圣人方而不割，
廉而不刿，直而不肆，光而
不耀。

如来说

轮涅无别
一切障碍即究竟觉
得念失念无非解脱
成法破法皆名涅槃
智慧愚痴通为般若

前一章老子阐述了有为法与无为法二法，在本章老子对这两种法进行更深层次的讨论。

其政闷闷，其民淳淳；其政察察，其民缺缺。祸兮，福之所倚；福兮，祸之所伏。孰知其极？其无正也。正复为奇，善复为妖。

这一段我们先看“正复为奇，善复为妖”，“正”“善”，就是前面一章所讲的无为，“奇”“妖”就是有为。那么在本章，描述当修行进入更深入的境界后，有为和无为是相对的，二者的变化是非常微妙的。所以有时候不要以为自己在无为，实际上那正是在有为；不要觉得人家在有为，可能人家其实是无为。所以“孰知其极？其无正也”——你怎么知道自己就是清静呢？可能你根本就还没有清静。当你觉得自己很清静的时候实际上已经不清静了，你的心相续里面热闹着呢，只不过你自己都觉察不到。这就是“祸兮，福之所倚；福兮，祸之所伏”，二者是相对的。那么为何觉察不到呢？

人之迷，其日固久。

“人之迷，其日固久”，因为众生迷妄已经太久太久了，已经忘记真正的清静到底是什么，自以为是其实根本就不是。那么怎么办呢？“其政闷闷，其民淳淳”，别老守着你所以为的那个“无为”了，心态放松、放下，不要太认真，否则老抱着个“无为”，反变成有为了。有些人修行，拼命想让自己不生杂念，实际上这就是最大的杂念，这就是“以念制念，以妄制妄”，你已经是妄，结果自己还不知道。所以“闷闷”，不要太执着，“这个是正、那个是奇，这个是有为、那个是无为，这个是善、那个是恶”……应该是“淳淳”，去体会没有善恶、没有对错、没有清静不清静的那个，要跳出这种对待。要回到自性，不要落在二元对立上。当你想着一个什么东西，就已经偏掉了，已经有对立了。就是“其政察察，其民缺缺”，自己觉得：“啊！我现在非常地无为，我好清静！”这已经太有为了，已经是“察察”“缺缺”了。所以老子的各章的安排是很绝的，说完前面有为无为二法，又怕我们执着有个“正”、有个“无为”，然后有个“奇”、有个“有为”，所以前章立了二法，这一章又来破此二法，因为无为有为都只是法，不是根本，不是佛。佛是觉，这才是本来。要回到本来回到道，道无所谓无为有为，“梦幻空身即法身”，它是一切自然，站在道的角度，站在本来的境界来看，有为与无为都一样，世俗与胜义都一样，“轮涅无别”，轮回与涅槃也是一样。这就是佛在《圆觉经》所描述的如来境界：“善男子！一切障碍即究竟觉。得念失念无非解脱。成法破法皆名涅槃。智慧愚痴通为般若。菩萨外道所成就法同是菩提。无明真如无异境界。诸戒定慧及淫怒痴俱是梵行。众生国土同一法性。地狱天宫皆为净土。有性无性齐成佛道。一切烦恼毕竟解脱。法界海慧照了诸相犹如虚空，此名如来随顺觉性。”

是以圣人方而不割，廉而不刿，直而不肆，光而不耀。

圣人，不会为了变成圆，而把方的割掉，“廉而不刿，直而不肆，光而不耀”，也是相同的意思。就是说圣人是把两端对立消融而合为一体，中和，不落两端。而且就算有时落端，那也是非常自然，随缘应化，也合于道。所以圣人落这端也行，落那端也行，不落端也行，因为他根本没差别。而你若有分别见，你的心不合于道，那么你落哪端都不对。这就是《阴符经》中“人心机也”的道理，关键在于你的心。心中一旦起分别，善恶就出来，然后你执着哪边就往哪边跑。比如在行善的时候一旦求回报，性质就转了：本来是善业就变恶业。所以一旦分别，只要一个念头，这个机，立马就转变，机转祸福就转，“祸兮，福之所倚，福兮，祸之所伏”，这也就是轮回的道理。只有去掉分别，从而跳出两端对待，才能从轮回中解脱。

所以我们读圣人之经典，特别是了义的经典，若想真正理解其中深意，同样切忌以意识、用分别心来解读。因为只要用意识分别，不管怎么解都不对。这就是佛在《楞严经》中呵斥阿难以攀缘心听法的原因。在禅宗的教法，就是一棍子打下去，徒弟这样师父打，那样师父也打，因为他还是在用分别意识，那么不论怎样师父都不会允许。所以老子也是禅宗的大师，绝对一流的高手，这八十一篇翻来覆去，把你的妄心打得七零八落。刚刚前面说“以正治国，以奇用兵”，这会儿又说正与奇有区别吗，就是这样破掉你的分别和执着。

第五十九章

老子说	如来说
治人事天，莫若啬。	戒
夫唯啬，是谓早服；	定
早服，谓之重积德；	慧
重积德，则无不克；	究竟无漏
无不克，则莫知其极；	不生不灭
莫知其极，可以有国；	不垢不净
有国之母，可以长久。	不增不减
是谓深根固柢，长生久视之道。	

本章老子明示了修行过程中戒、定、慧三学的重要性。

治人事天，莫若啬。

“人”，指我们的人心；“治人”，就是调节我们的心灵。把心调节到天人合一的状态，就是“事天”：“事”，侍奉；“天”，就是道的展现。老子这是告诫人们，要调整人心，进入道心。治人心，使其无为，从而返还到天性的状态，“人心惟危，道心惟微”，在天人合一的时候，人机不动天机自动，就入道了。那么若想真正做到“治人事天”，最重要的就是“啬”，“莫若啬”。“啬”，吝啬。以佛法来讲，就是戒律。戒，是很重要的，一个人一旦破戒，就会耗散自己的能量，耗散精气神，贪、嗔、痴就会发作，所以只有“啬”——戒律，才是我们在入道路上的真正宝贝。如果没有戒律，我们肯定被贪、嗔、痴所驱动，就是有为。有为就远离了“啬”，能量不断耗散，所以世人总以为自己很牛，然后很努力想要做些什么，以此获得名利财色，实际上都是人为，这种都不是“啬”。啬，是收敛、勤俭，恨不得把精气神藏着掖着，根本不给它耗散，这就是戒。

夫唯啬，是谓早服；早服，谓之重积德；

只有戒，才能进入定境，才会生起禅悦，这种禅悦，称为“服”，这是形容获得了禅食。入定服用禅食，就有慧，慧就是道的光华，就是“德”，所以叫作“重积德”。只有进入定境，你的智慧才能够开发，才能够闪光，道的德性就会展现。

重积德，则无不克；

慧性一旦得到开发展现出来，就没有什么照不见的，没有什么弄不懂的，或者按道家的说法，完全没有阴气了，而是一片光明遍照，这叫作“无不克”。

无不克，则莫知其极；

在光明遍照无所不克的状态中继续修持下去，就达到佛陀所说的究竟、无漏的境地，广大而没有边界，没有什么是搞不清楚的，由此成就了漏尽通的境界，这叫“莫知其极”。

莫知其极，可以有国；

在究竟无漏的境地，才可以入世，即道家所说的“内圣外王”——在心灵的境界获得成就之后返回世间，进入不同的国土普度众生，慈悲利益上至天子下至百姓乃至所有的众生。

有国之母，可以长久。是谓深根固柢，长生久视之道。

“母”，就是道。如果没有“母”，是不可能进入“有国”的状态的。守道而有国，这叫作“深根固柢、长生久视之道”。所以，守道，才是真正的根源；有国，是道之德的展现。那么道和德如何而来呢？必须要通过戒、定、慧三无漏学。所以如果没有戒，通通是在耗散，绝不可能长生久视，故说“莫若啬”，没有戒是不行的。长生久视，就是合于道，与“母”相合，它是独立不改、周行不殆的。所以，合于道，便没有生死，超越了生灭，也就是《心经》所描述的“不生不灭、不垢不净、不增不减”的境界，这就是“长生久视之道”。

第六十章

老子说

治大国，若烹小鲜。以道莅天下，其鬼不神。

非其鬼不神，其神不伤人；非其神不伤人，圣人亦不伤人。夫两不相伤，故德交归焉。

如来说

行住坐卧不离这个

根据本书对《道德经》的解读视角，贯穿全经来看，文中提到“国”的时候，往往是阐述如何入世。入世的关键，就是无为而治。

治大国，若烹小鲜。

“治大国”，形容一个人在入世修行的时候，“若烹小鲜”，不可欲望太强，不可太有为，好像煎鱼一样，总去拨弄它，鱼肉就散了，不去翻边，又煎不熟，这就是火候。这是告诉我们，入世修行，有一定的度。这个度如何把握呢？以道来把握。所以“以道莅天下”，首先必须要进入道的境界，然后才能入世间，或者进入任何一个与你相应的环境里面，对境修心。

以道莅天下，其鬼不神。

如此修去,“其鬼不神”。“鬼”，形容一种谋略的心理，或者说，一种恶的心念,“不神”，不起作用。因为你处在一种自性的状态，不起人为欲望，根本不动心机，不搞有为法，不去阴谋算计。在这样的状态，道者的一举一动都是符合天道的规律的，也就是有度，所以人为的谋略算计根本无法左右他，即使有其他人蓄意阴谋利害，也起不了任何作用。这就是所谓的“天网恢恢，疏而不漏”，一旦有人为的东西，就不是天网。这是告诉我们，做人、做事情，要合道，要立在道上。练功、修身也是如此，要以道为本，去体会道，不要人为去干扰，人机一动，天机就灭，身体的气机就乱掉了。若再有人为的心理暗示，就会出现幻觉，就有所谓鬼、神啊的东西出来，而且还会伤到自己。如果只是无为，没有欲望、没有投射，没有心理暗示，出来的就是真相。那么这一些会根据火候，一度一度地变化，随之你的生命状态就会得到提升。这也就是佛陀所说的不动妄心，守住真心。所谓妄心，就相当于这里所说的“鬼神”。古人讲鬼神二字，含义是很深的。简要来说，鬼者，归也；神者，申也。归，就是一种回归的状态，就好像天道的流行，冬天自然就潜藏，在人体就是入肾，肾是水，是汇流成海的回归状态，所以出阴，出鬼；申，伸展，就好像夏天的发展壮大，在人体就是入心，心是火，是腾耀发散的放射状态，所以出阳，出神。所以这鬼神二字包含很多层意思，可以是对一种相的描述，也可以是对一种无相境界的描述，是一种信。

非其鬼不神，其神不伤人；非其神不伤人，圣人亦不伤人。夫两不相伤，故德交归焉。

只要在道中，什么都伤不了你，更不会去伤害别人,“圣人亦不伤人”，因为心中没有有为的东西，完全合乎道，怎会伤人？一切行为举止，本来就是这么运动，都是一种德的展现，没有任何伤人的东西。这种德，和有为的东西相交集的时候，也就是无为和有为相交集的时候，就像拿石头去砸大海一样，是不起作用的。一个有为的东西，欲望也好、情绪也好，去弄一个无为的、空灵的状态的时候，它是弄不到的，就相当于人拿刀去砍虚空，怎么砍呢？砍来砍去都是空，自己搞自己而已。按照道家的修法来讲，不管任何时候，为人处世乃至打仗、两兵相交的时候，心境都是空无的。一旦空无，对方就没有着落点，而且和对方是一体的，根本不视其为敌人，结果对方变成是自己打自己，中国太极拳就是这样的原理。而且他心中还很慈悲，没有伤害对方的心理，认为自己和对方是一体，这就是道。所以道境是没有分别的，不会去搞对立，这就是“德交归焉”，“两不相伤”。而能受伤的人，肯定是因为他没有立在道上，他的行为举止不是道之德的展现，不是“以道莅天下”，而是人心有为，那肯定有伤。所以只要有为、度量揣摩、贪、嗔、痴一动，“伤”就已经等着你了，鬼神就等着你，你不是落鬼就是落神，不是成功就是失败，不是善就是恶。所以老子在这一章把关键告诉你：“以道莅天下”。只要以道莅天下，就不落善恶、不落对待。不落对待，你的品德和一切万象相交合，就不会伤害其他生命，“不伤人”。

那么只要这样无为而治，自然会合于天道，“治大国，若烹小鲜”。这也就是禅宗说的“行住坐卧不离这个”，所谓“这个”，就是道。行住坐卧都在道中，处在本来的状态，当然没什么伤得了他，他也不会伤人，自己也不会走火入魔，更没有什么鬼神的事情来干扰他，而且做什么都是对的，都是合于道的，他就处在道的状态里。所以一般人不理解，看到一个开悟的人，拿着刀上战场，心想这是开悟的人啊，怎么还去打仗杀人。所以切忌不要着相，关键是看他的心灵在什么境界，而不是拿不拿刀，打不打仗。禅宗里，小和尚一来，老和尚一个耳光，那个模样还是一副生气愤怒的样子，那一般人说你这个师父打人，怎么会有道呢？甚至有些弟子，头都被师父敲破，师父拿个棍子，对着头直接打下去，头都破了还出血。但是被打那个弟子，跪在那里反而很感恩，觉得很受用，没有嗔心反而法喜充满，这就是因为师父心灵的境界是合于道的，这是在禅宗的展现。所以我们一般人看有道之人是看不懂的，因为我们不是用道心，而是用分别心去看，看别人的动作是善还是恶、好还是坏。一个道者心中根本没这些东西，而你用你的心去分别计算，用善、恶、好、坏去套，那是你心中有鬼神，人家根本没鬼神，只有道。所以黄帝说："得道无鬼神。"换句话，没得道肯定有鬼神，这也就是老子在本章所阐述的道理。

第六十一章

老子说

大国者下流。
天下之交，天下之牝。
牝常以静胜牡，以静为下。
故大邦以下小邦，则取小邦；
小邦以下大邦，则取大邦。
故或下以取，或下而取。
大邦不过欲兼畜人，小邦不过欲入事人。夫两者各得其所欲。大者宜为下。

如来说

自性
妄心
众生颠倒
见诸相非相
即见如来

本章阐述的是老子在前面章节中多次提到的问题：若欲进道，必须无为。“下”，就是无为。所谓“知其白守其黑”，“知其雄守其雌”，以“柔弱胜刚强”，守无不守有——守无形的不守有形的，这才可入道。从佛法来讲，也就是守住自性，不起妄心。这也是老子思想的核心。这个思想核心，体现在做人的方面，就是谦虚不要冒头，守下不守上，其实从根本来说就是不要动你的妄想。一动妄想，自我肯定就膨胀，然后就想冒头，就要立一个“我”，想追求第一。那么老子反复讲，修行要反过来，逆常人之道而行。因为常人就是想当第一，这是普通凡夫的境界。修行是逆走，不敢做第一，“不敢为天下先”，事实上就是不动妄心，而回到无为自性的状态。这是老子思想的准则，也是修行的准则、逆走的准则——无为，不要有为。那么本章在行文时，举出世间的事情作为例子，来比喻这个道理。

大国者下流。

在老子那个年代，大大小小各个诸侯国纷争不断，于是他以这个社会背景来举例：大国就像水一样，从源头自上而下不断奔流而去，“天下之交”，在下流的低地交汇，形成大海，所以大国就相当于水流向下汇聚而成的大海。这是比喻若能处下、虚无，人的能量就越大；如果落在有为上，一有立刻受限，人的能量就小。越空无，越进入空性的状态，进入空性见，能量就大，这就是“守无不守有”，要进入虚无的状态，即前面第十六章所说的“致虚极，守静笃”。“虚无”和“有”这二者，“有”是上，“虚无”就是下，我们的心也是这样。当心里有想法、有各种各样的欲望的时候，就是上；当心中空无一物的时候，就是下，天下在此汇聚，处在这样的状态才能进入大道，否则无法进道。

天下之交，天下之牝。牝常以静胜牡，以静为下。

“天下之牝”，就是“致虚极，守静笃”的状态：心进入无为、没有争斗、很安静的、空无的状态，叫作“牝”。“牝常以静胜牡”，“牡”，就是形容一种妄心的涌动，以牝之静可以制牡之动，“以静为下”，在静中进入处下的空无状态，进而入道。

故大邦以下小邦，则取小邦；小邦以下大邦，则取大邦。

“大邦”形容空无、无为，“小邦”形容妄动、有为。当进入无为的状态，一切有为的妄动就在空无中融化掉了，这是能够证入无为的境界。若还未证入无为，则“小邦以下大邦，则取大邦”，在有为的状态要会立刻放下、时时放下，去体会无为。那么关键在于“下”，这是一个方向，往这个方向走，本来对立的两方就互相融为一体，到达圆满无漏、自他不二的境界，所以大邦“以下”就“取小邦”，小邦“以下”就“取大邦”，互相融合了；而且就像水从高处往低处流一样，道本来就是这个轨迹，就应该是往“下”这个方向。然而凡夫众生都颠倒了，不顺着“下”反而往“上”这个方向走，自他的对立就越来越强，分别有漏，不可能圆融为一体，于是互相斗得越来越厉害，因为都想争“上”。

故或下以取，或下而取。大邦不过欲兼畜人，小邦不过欲入事人。

所以要么处在下——无为而治的状态中，要么在有为的状态中不断放下，要往这个方向才能“取”——入道。接着描述有、无两种状态的差异：“大邦不过欲兼畜人”，在无为的状态时，可以容纳、融化一切，所有的东西都被融掉了，一空一切空；“小邦不过欲入事人”，有为的状态，就一定有一切事相，一有一切有，“夫两者各得其所欲”，有、无两者，各自有各自的状态。

夫两者各得其所欲。大者宜为下。

但是若想要成为“大”、想要进道，必须用“下”，往放下、无为的方向走。

总而言之，本章是告诉我们入道的方式，是以返还、逆走的方式，不要和平时普通人一样，去追求所谓的美啊、好啊，争第一啊，这个方向肯定是远离道的。入道必须先要不执着万有，心中放下欲望，使心回到一种安静中，从而体会到无的味道。所以我们看虚空，是一种静态，一有东西出来就开始晃。我们的心也是如此，本来是静态，一有事相，就着相，于是心就开始晃，想要这个想要那个，心境就变小，小到只有我们想要的东西那么大。但只要我们不着相，一空掉，心自然又静，回归虚无的状态，心境就入大，无限广阔。这些有和无、小和大，乃至白和黑、雄和雌、大国和小国，都是在描述阴阳，即一种对立的关系。那么如何处理这种对立关系？都可以用上面所描述的方法——尚无不尚有，处无以化有。也就是佛陀说的，守住自性，不动妄心。不要执着事相，叫作“见诸相非相”，才能见到如来。不管什么样的相，只要执着就落小，因为相都是有极；而超越相，就进入无极，无极才能入道。我们所说的“分别心”，也是因为落入了有，就是“能所”的“所”，这都是妄心，远离了自性的状态。

老子在《道德经》每一章，从不同的角度来描述一个相同的原理，本章就是从国家的角度来阐述，若是依文直译，就是描述如何处理国家间的关系。大国处下，就是大国要持谦虚、包容的态度，如此可以稳固周围的小国，否则以武力硬来，容易引起众小国群起而攻之；小国处下，就是小国要持谦卑、敬上的态度，要向大国进贡表示服从，否则一旦妄动容易被大国兼并消灭。这是老子举出的一个案例，我们把它抽象出来，就可以清楚地看到其背后的真意是描述道，告诉我们要循着道的轨迹，以无为法——守无不守有，守心（自性）不守意（意识/妄心），方可入道。

第六十二章

老子说

道者，万物之奥。
善人之宝，不善人之所保。
美言可以市尊，美行可以加人。
人之不善，何弃之有？
故立天子，置三公，
虽有拱璧以先驷马，不如坐进此道。
古之所以贵此道者何？不曰：以求得，有罪以免邪？
故为天下贵。

如来说

如来藏
众生皆具佛性
天上地下
唯我独尊

道者，万物之奥。

“奥”，奥妙、奥秘。这是在形容，道是一般人都看不到的、无法知晓的，它生出天地万物。但由于其本体是虚无的，人们很难了解，所以对于人来说，道是非常奥秘的。

善人之宝，不善人之所保。

“善人”，修道的人，了解、懂得道的人，能解开这个奥秘的人；“善人之宝”，对于懂得道的人来说，道是一个无上之宝。“不善人之所保”，不懂得道的人，虽然不知道修道，但其实时时刻刻在道的庇佑和保护中，因为道生出天地万物而且衣养万物。

美言可以市尊，美行可以加人。人之不善，何弃之有？

会说话的人就有市场，行为高贵的人就可以影响他人，甚至可以成为人上人。这是举例说明，世间的一个言语得体、举止优雅的人都能够受到人们的喜爱和尊敬，何况一个道者呢？也就是说，世间法、有为法到达某些高级的方式，都已经很有利益了，那么能生出有为法的无为法，其利益更加是不可思议，所以道是“善人之宝”。对于不懂得道的人，道也从来没有离弃过众生，“人之不善，何弃之有”？道与万物是同在的，从未离开过。这就是佛家说的，众生皆具佛性。不论善恶好坏，皆有佛性，本自具足。

故立天子，置三公，虽有拱璧以先驷马，不如坐进此道。

“天子”“三公”，代指王公贵族等地位高贵、在世间处于最顶层的人；“拱璧”“驷马”指豪宅、豪车等优越的物质条件。虽然贵为第一等人、享受第一等的物质生活，“不如坐进此道”——都不如道高贵，无法和道相比。所以我们现在追求有形的东西，事实上是不懂道的高贵。

古之所以贵此道者何？

古时候的圣贤为什么都把道奉为最尊贵呢？

不曰：以求得，有罪以免邪？

不是有这样一句话吗？“求什么就得什么，连罪业都可以免去。”这句话的意思是，古人的描述，道是一种如意的状态，只要能入道，“坐进此道”，无所不能，连因果轮回也奈何不了你。这就是禅门所说，“一定灭万业”——当进入深深的定境，安住在如来藏中，业力那些东西都会消失。

故为天下贵。

所以道是最为高贵的。世间最高贵的天子能灭掉一个人的轮回业果吗？灭不了。天子能够让你“以求得”吗？求不了。天子自己都有烦恼，又怎么可能令你事事如意呢？他自己都要受“求不得”之苦：想霸占全世界，做不到；想长生不老，也做不到；想超越生死也超越不了，连生死之根都找不到。因为他不知道那个“奥”。所以说只有道是最高贵，叫作“天下贵”。佛祖释迦牟尼就是一个典范：虽然贵为王子，但是出家求道，这就是因为他知道道的高贵，那比当一个皇帝高贵多了，皇帝连生老病死都搞不定，对无常生灭一点招都没有。所以佛陀离家求道，行道、证道，最后超越了求不得苦，能够“以求得”——如意圆满，灭一切罪，跳出三界外，不在六道中，“天上地下唯我独尊”，这就是“天下贵”。

第六十三章

老子说

为无为，事无事，味无味。
大小多少。(报怨以德。)
图难于其易，为大于其细。
天下难事，必作于易；天下大事，必作于细。是以圣人终不为大，故能成其大。夫轻诺必寡信，多易必多难。是以圣人犹难之，故终无难矣。

如来说

于第一义而不动
行住坐卧不离这个

《道德经》的每一章从不同的角度告诉我们如何修行，而且讲的都是入世的生活禅。

为无为，事无事，味无味。

为的时候，无为；事的时候，无事；味的时候，无味。这是一种什么状态？一种处在自性当中的状态。不会动后天的意识，不去妄想。当然，人们在入世的时候，会有行为，会有事情，但是对于安住在自性的道者来说，他为而无为，事而无事——行为上在做事，心中是没有事的。他也会吃东西，也会品味，眼、耳、鼻、舌、身、意都在入世、都在起用，但是“于第一义而不动”。事实上，这就是禅宗入世的一种禅定状态，在“行住坐卧不离这个”的定境里面做所有的事情。所以“为”也好，“事”也好，“味”也好，通通不离“这个”——老子称其为道，也就是说，行一切事而从来没有离开过道。道，是从来没有思想、计算，没有人为的意识，也不会动情，也不去利益，更加不用欲望，所以是“无为”“无事”“无味”。这就是禅的境界，只有道者可以做到，老子把这样一个境界描述出来，展现给我们看，教我们如何在世间处理问题，如何入世。

大小多少。(报怨以德。) 图难于其易，为大于其细。天下难事，必作于易；天下大事，必作于细。

世间的问题，归根到底，是一种对待的关系，或者说，世间的事物都有两端，都是相对。大小、多少、怨德、难易等，这些都是对待，它们互为一种对立，所以有大一定有小，有多一定有少，有怨一定有德。

是以圣人终不为大，故能成其大。

“终不为大”，就是形容根本都不理会对待两端。一个圣人，一个道者，根本不去管、不去计较这些对待，和他毫无关系，一切都是道在推动，是道为而不是他的人为，所以道者是无为而无所不为——人无为而道无所不为，这就叫人机不动，天机自动。根本不需要你去做什么，算计什么，只要“坐进此道”就行了，这就是如来的境界，进入到了本知的状态。本知，本来的知解，它具有一种觉性。你只要处在本知当中，然后随遇而安，按现在的说法叫处处都在当下，根本没有什么欲望也没有什么事情，对过去不去追忆，对未来也不会贪图，就这么简单；然后面对世间的对立、对待，绝不会去分别而执着某一端，事情来了就去应，随缘而动而已。

夫轻诺必寡信，多易必多难。是以圣人犹难之，故终无难矣。

相反地，如果我们落入对待，不论落哪一端，都说明已经离开了自性，而落在了识上，意识的识。从自性一落识，识就开始分别，那就一定落端："轻诺必寡信，多易必多难。"所谓"落"，就是计较，计较大小、计较多少、计较怨德、计较难易，一切烦恼就循此而生，一个接一个源源不断地就全跑出来了。而圣人根本不理会这种对待、早已超越了识心分别的状态，所以没有端点可落，由此解脱而不再受限，一切自在。

我们普通人在世间，还没做事之前，心里就想着"嗯，我今天要做一个大事情"，或者"哦呦这个事情很难……"那你还没做就已经落端了，已经做不成了。这就是已经动了欲望，动了妄心，接下来肯定就会开始人为地去公关。然而一旦人为就失去了道，于是便开始用阴谋、算计，这样根本体会不到天机，最终就是落因果，自作自受。所以"阴阳燮理，其机在空"(《三十六计》)，阴阳就是形容两端，真正的关窍在于空。所以要先把自己放空，然后才能照见，然后才能跟着道一步一步地走。事先动欲望，想用阳，或者想用阴，那就完了，根本感知不到真相。只有先放空，才能知道真相，然后顺着它动，这就是为无为，事无事，就是这么简单。

其实本章老子所说的正是禅宗的心法。这个心法我们知道了以后，必须要修行，要去体会那个本知，你才能真正做到，否则不可能做到。所以要禅定，要没有妄想，要体会什么是意识。你动意念的那个是什么？动情的时候那是什么？什么都不动但又有觉知的那个又是什么？必须要这么去体会那个是无为，而且无为的时候是有觉悟的，那个觉性是很光明的，甚至出现五眼六通、自然超越世间执着，这就是修行。所谓的禅定，也就是看你放下多少。能放下多少有为，你的禅定就上升多少境界。有为、执着在什么上面，就被其所缚。着在色上就被色蕴所缚，着在受上就被受蕴所缚，着在想上就被想蕴所缚，着在行上被行蕴所缚，着在识上被识蕴所缚。色、受、想、行、识这五蕴就缠缚住你的本来。只有空掉这些，把所有这一切都放下，才能“照见五蕴皆空”，这才能进入如来的状态，进入本知。否则你的知见都是污染的，是不可能有真知的。

第六十四章

老子说

其安易持，其未兆易谋；
其脆易泮，其微易散。
为之于未有，治之于未乱。
合抱之木，生于毫末。
九层之台，起于累土。
千里之行，始于足下。（为者败之，执者失之。是以圣人无为，故无败；无执，故无失。）民之从事，常于几成而败之。慎终如始，则无败事。（是以圣人欲不欲，不贵难得之货；学不学，复众人之所过。以辅万物之自然，而不敢为。）

如来说

一切有为法
如梦幻泡影
如露亦如电
应作如是观

本章承接前一章内容。对“为无为，事无事”进行更细致的阐述。

其安易持，其未兆易谋；其脆易泮，其微易散。

开篇这四句是描述修炼心法时的状态。“其未兆易谋”，未兆，就是还未产生妄想的时候，谋，就是妄想、后天意识、心中有鬼神的这种状态，就容易安驰，容易把持。当生出哪怕一点点妄想了，就容易散乱，好像一个很薄很脆的东西，碰一下就断了，“其脆易泮，其微易散”。

为之于未有，治之于未乱。

还没有生出妄心，心还未乱的时候，要在这个时候——在初心的状态中修行，也就是于第一义而不动。这就好像婴儿一样，婴儿有知，但只有知，没有思也没有想，更加没有念。只有本知，不动妄想。

合抱之木，生于毫末。九层之台，起于累土。千里之行，始于足下。(为者败之，执者失之。是以圣人无为，故无败；无执，故无失。)

民之从事，常于几成而败之。慎终如始，则无败事。(是以圣人欲不欲，不贵难得之货；学不学，复众人之所过。以辅万物之自然，而不敢为。)

众人就是因为“学”，动了很多念头，这就是“过”。所以老子说要学“不学”，学着不要乱动妄想，不要去搞有为，回到本知的状态，这样才能“以辅万物之自然，而不敢为”，就是为无为。

懂得老子《道德经》的关键在于见性。所以必须要懂得去禅定，懂得怎么去修，怎么练功，怎么合道，怎么不动人心，你才能够回到本来的状态，本知本觉，要放下，要学会自然，然后返本还原，才能够理解老子所说的真义。

第六十五章

老子说

古之善为道者，
非以明民，将以愚之。
民之难治，以其智多。
故以智治国，国之贼；
不以智治国，国之福。
知此两者，亦稽式。
常知稽式，是谓玄德。
玄德深矣，远矣，与物反矣，
然后乃至大顺。

如来说

无眼耳鼻舌身意
无色声香味触法
无眼界乃至无意识界
以无所得故
菩提萨埵
依般若波罗蜜多故
得阿耨多罗三藐三菩提

古之善为道者，

上古时代，修行有道的人。

非以明民，将以愚之。民之难治，以其智多。

“民”，从修行来讲、从个体来讲，就是眼、耳、鼻、舌、身、意这六个后天的识。“明民”，就是这六识不断地妄动，好像很聪明很灵动、无所不能，实际上耗散了我们身体的精气神。所以《阴符经》上说："九窍之邪，在乎三要。"三要，就是精、气、神，就是我们生命的宝贝；九窍，就是我们头上和身上的九个开口，也就是指我们的眼、耳、鼻、舌、身、意，这就是说普通凡夫的九窍，容易漏失精气神，它们不断地耗你。所以"将以愚之"，就是《心经》上说"无眼、耳、鼻、舌、身、意"，把这些都空掉。民为什么难治？"以其智多。"眼睛看得很清楚，耳朵听得很清楚，越往这个方向就越无法了解无形之大象，无声之大音。大音希声，那是梵音，用眼、耳、鼻、舌、身、意是根本感受不到的。所以"古之善为道者，非以明民，将以愚之"。

故以智治国，国之贼；不以智治国，国之福。

"国"，就是指我们的生命；"以智治国"，就是用眼、耳、鼻、舌、身、意，用后天的识来指挥我们这个生命，那就成为"国之贼"——耗散掉我们生命的精气神三宝。修行是反过来，"将以愚之"，不用智，这是"国之福"，把宝贝都聚集起来。

知此两者，亦稽式。

"稽式"，模式，典范。知道"以智治国，国之贼；以愚治国，国之福"的，可以将此作为一个模式来操作，来修行，来入世。

常知稽式，是谓玄德。

常使用这个模式一路修去，就能返还到玄德。也就是要视而不见，听而不闻，处在本来的状态中，这样慢慢会出现五眼六通，才能了解佛所说的世间一切相皆是虚幻，才能做到真正的"玄德"。什么是玄德？玄德，是进入圣人境界之后所展现出来的功能，他所用的是天眼、法眼、慧眼、佛眼，是这样一种出世间的境界，般若的境界。否则我们凡夫所谓的“德”，只不过是两端对待的善恶分别而已，是“智多”，耗散精气神而已。

玄德深矣，远矣，与物反矣，然后乃至大顺。

玄德，就是通过不断修炼，聚集精气神，无形的能量不断增长，这样去修它肯定“深矣远矣”，那么这个方向与世间法是完全相反的。最后达到“大顺”的境界，内圣外王，无为而无所不为，也就是“重积德，则无不克”（第五十九章）的境界，亦是佛说“阿耨多罗三藐三菩提”——无上正等正觉的境界。

第六十六章

老子说

江海所以能为百谷王者，
以其善下之，故能为百谷王。
是以欲上民，必以言下之；
欲先民，必以身后之。是以圣人处上而民不重，处前而民不害，是以天下乐推而不厌。以其不争，故天下莫能与之争。

如来说

物来则应
过去不留

一个道者，在世间和人相处的时候，他的心始终处在道的状态，是无我的，是没有欲望的，是“味无味，事无事”的，根本不与人争，所以别人和他相处就没有压力。你说要什么东西，他就给你了，不会和你抢，因为他就是顺其自然，以百姓之心为心，即便是做领导别人也不会觉得有压力，这就是“圣人处上而民不重”，处在高位也不会让别人觉得有压迫。“处前而民不害”，走在前面也不会妨碍别人，因为他不是故意要去抢位子、争利益，你想当官要把他拉下马，他就下来给你上去做官。这就是道的品德。道，为无为，欲无欲，事无事，所以产生一种德性，这种德性就好像“江海能为百谷王”一样，因为道是处下，“以其善下之”，所以就像大海，处于低地，所有的水自然会流向它那里，“故能为百谷王”。这是描述一个修行人到达一定境界后所展现出的德性，具备这种德性之后，很自然地会与众生相处得非常融洽，不会与众生争，也正因此——“以其不争”，“天下莫能与之争”。

一般世间人都习惯斗争。当处于上位，与人争抢，勾心斗角，别人就会感觉很有压力，他一定会有感觉的。不管是怎样一种争的方式：你想要控制别人，人家也有感觉；你想踩在别人上面，他也会有感觉；更不要说你是明目张胆地去争抢利益。而道者是无为的状态，只是随缘而动：缘来了，他像镜子一样，只是照见；缘走了，镜中影也就消失，“物来则应，过去不留”。那么只要处在自性的状态，自然会展现这样的品德。不用有为地或做作地去造出一个什么品德，更加不要去搞谋略，比如为了收买人心而故意说：“我不和你抢啊。”这根本是太有为了，你是装出来的，人家慢慢也一定会有感觉的。而且你自己在装的时候，你的心一定会压抑，一旦压抑，人家也会有感觉。所以一个道者不容易啊，那是真正做到不与人争一分一毫，这要靠一点一点修出来的，不是装出来、压抑出来的。如果不是真修，只是模仿、假装，长期身心压抑，那真是很容易出问题的。所以我们现在很多人学佛，表面上行善积德，但实际上心里有求，出去布施心里都是有目的的，往往是布施了以后希望获得更多；反过来有很多人赚了钱他就去布施，因为他心不安。所以真正的品德是自然流露，是实修出来而不是做作出来的。做作出来的人，他心里很纠结啊，因为不情愿嘛。但是有时候也难说啊，有的人他一开始做作，时间久了变成真的，也有这种情况，也有这种法，这就看个人的根性了。不过老子肯定不是用这个法，《道德经》整部经都是崇尚自然，崇尚无为。现在的法门太多了，很多都是从做作的入手，都是自己还没得度就要度众生，然后众生是什么也没搞清楚，先发个大愿，这种模式都是没有从自己的心灵入手。那么佛法是心法，所以，由此也可以看到，《道德经》相当于佛法中了义的经典，章章明心见性，直指人心，并非不了义的法。不了义的法，可以有模型、有套路，然后先做作地努力一下，最后再成就；但是了义的法肯定一上来就是直接的、自然的。

第六十七章

老子说

天下皆谓我："道大，似不肖。"
夫唯大，故似不肖。
若肖，久矣其细也夫！
我有三宝，持而保之：
一曰慈，
二曰俭，
三曰不敢为天下先。
慈，故能勇；俭，故能广；不敢为天下先，故能成器长。
今舍慈且勇，舍俭且广，舍后且先，死矣！
夫慈，以战则胜，以守则固。天将救之，以慈卫之。

如来说

自性
妄心
菩提心
同体大悲
以戒为师
如如不动
常乐我净

佛家说佛、法、僧三宝，这一章老子也提出三宝：慈、俭、不敢为天下先。

天下皆谓我：“道大，似不肖。”

道，没有什么东西能够像它，只要有个东西，有个相，有个大小、长短、图标之类，肯定就不是道。六祖说：“我有一物，无头无尾，无名无字，无背无面，诸人还识否？”这就是说，不可能有东西长得像道，叫似不肖。

夫唯大，故似不肖。若肖，久矣其细也夫！

事实上说道大，其实它又很小；说它小，其实又很大。道，不可能是某个具体的东西，但又无处不在，无物不包。如果道像某个东西，“久矣其细也夫”——那就一定会有极限，那么相对大的东西就一定有小，以无极和有极相比，有极肯定是小。道是没有极限的，这就是佛说的自性。自性不可能有极，也不可能有相，所以佛说“见诸相非相，即见如来”。任何相都不可能是如来，要超越这些相你才能够见到如来。只要一有相，它一定是“细”，也就是小。所以，“大”是用来描述道，比喻道是没有大小长短的，没有形状的，而且又是无物不包，小到无内、大到无外，事实上就是说万物都是它生出来的，即佛所说的我们的自性是涵盖三界的。

我有三宝，持而保之：一曰慈，二曰俭，三曰不敢为天下先。

这一句的“我”，在这里等同于“道”。“我有三宝”，这是说，道有三个特征：慈、俭、不敢为天下先。

第一宝，慈。老子与释迦牟尼两位圣人，竟然不约而同地使用了同样的字眼。这里的“慈”，和我们平时所讲的“慈”的意义，还不一样。这里的“慈”，包含了菩提心的内容。关于这个菩提心，意义非常深，“三藐三菩提”，这是胜义谛的内容，意味着守住自性的状态。在自性的状态，万物对于它来说，是一体的，没有分别的，正等正觉的，即这一切万物于自性来讲，都是“一”。既然是一，就形成一种同体大悲心，一的状态，一定会产生一种同体大悲心；在同体大悲、一体化的状态下，一定产生大智慧，世间万象任何情况、任何反应都会知道。所以观世音菩萨能观到众生的心音，就是这个道理，就是因为处在这种同体大悲的境界。

其实所有的生命，本来就是一体的。所以在我们每一个人的心灵深处，有一种悲悯的心，这是你本来就具有的。我们都曾经历过这样的情况，当见到他人处在一种悲惨境遇的时候，一种莫名的悲心会油然而生。这是因为生命本来是一体的，所以，你这种慈心、悲心自然就流露出来，它不是做作的。但是因为我们离开生命的本来太久了，而且我执越来越重，结果就颠倒了，甚至看见别人痛苦自己还开心，因为为了“我”，就要和别人竞争，在竞争的过程中，别人倒下，“我”就有可能成功，这个时候就很容易产生嫉妒等丑陋的心态。这一类心态，事实上不是我们生命本来所具有的，我们的本来，肯定是没有这种嫉妒心，没有斗争心，因为这些心都是有我执以后才产生的。因为有“我”之后，就有相对，与一切对立，然后就开始竞争。如果是无我的，回到本来的状态，道的状态，一定是慈悲的。所以道者一定有一种慈心，不可能没有，这是自然流露的。因为他证悟到了与一切同体，完全消除了“我”这一后天意识所建立的对立。所以慈，就是你的道心的展现，是你的自性的展现，也是一种在自性状态中的菩提心的表现。此外，“慈”，还具有一种内触妙乐——与万物一体化的时候是有禅悦的，是有喜乐的。所以我们的自性里面有极乐，故佛陀说“常乐我净”。这种乐是怎么来的？就是因为回到了一体化的境界，它自然就产生。反过来，众生离开了本来，无法合一同体，于是就寂寞、孤单、烦恼，就产生痛苦，然后老想找一个什么、抓一个什么，所以世人都外求，求财求色求物，归根到底是因为离开了自性，本能地有一种缺失感，因而总想要获得。所以老子轻轻一个“慈”字，所涵盖的内容很深，这也是东方文字的特点，用这个“慈”来表达，是很到位的。

慈，故能勇；

当你修行到一定阶段，具备了“慈”的话，看到一个人掉在水里你会去救他，但是救他实际上等于救你自己。就好像一个母亲去救自己的小孩一样，怎么可能不勇呢？这种心是天然的。但是如果没有修到菩提心，没有进入大我的状态，做不到无我，那么只能以亲、疏、贵、贱那一套世间法的原则去分别，是不可能慈而勇的。

俭，故能广；

第二宝，俭。俭，勤俭，也就是吝啬。吝啬什么？吝啬后天意识，根本不敢用妄心去追求某个东西而耗散我们本来的道，一点都不敢这样做，不敢越雷池一步。这就是戒律，就是之前讲过的“莫若啬”。那么你能不能守住这个戒律？“俭”，这是准则。当我们一动妄心，产生我执的时候，就已经离开道，离开本体，丢失了自家的宝贝。道本来就广，无所不包，你守住道，自然能广。

不敢为天下先，故能成器长。

第三宝，不敢为天下先。什么是不敢为天下先？先，就是从后面跑到前面，所谓前面，就是我执、执着，或者说动意念、开始妄想，这就是“先”。“先”的反面，就是“后”，就是我们的本来。守住本来，如如不动，根本不越雷池一步。所以往前面、往“先”这个方向走，你就丢失了道，失去了宝贝。

“器”，万物。万物都是道生出来的。“不敢为天下先”，守住道了，万物自然器长。这些器都是我们的心生出来的，“万法唯心”。你的心只要敢为天下先，就进入妄心，就产生器，就失去了道，失去了自性，就只会落在具体的东西上，如何“成器长”呢？只能被外物牵着跑。那么这三宝，就是守住道的准则。

今舍慈且勇，舍俭且广，舍后且先，死矣！

老子语重心长地告诫我们：今天的人，舍弃“慈”去追求所谓的“勇”，舍弃“俭”去追求所谓的“广”，舍弃“后”去追求所谓的“先”，“死矣！”——已经失去了本来。失去本来，只顾自我，道对于你来说，已经“死”去，自性已经不见了。按道家的语言，你已经成了假人，已经不是真人，真人是在道里的。所以我们说修行要先做一个活死人，活死人这个死又是什么？死这个妄心。

夫慈，以战则胜，以守则固。天将救之，以慈卫之。

因为慈，能够和一切同体，所以没有什么能与之战。我们经常讲的太极拳的道理，也是如此。看上去两方对立，但其实是合在一起，你就是他（道者）的一部分，他很清楚你的动态，你怎么和他战呢？他可以有大智慧，看见你的心相，你一动他就知道。他就像大人和小孩玩一样，如何玩得过呢？你一个小孩一样乱跳乱打地玩，他让你打而且还很慈悲，你摔跤他还想办法让你不摔，你打他他笑眯眯接住你，然后把你抱到一边去。道者和凡夫的关系、一个菩萨和众生的关系，就是这样一种感觉。道者的心胸太广大了，他在一种大慈大悲的同体状态中，绝对没有任何和你斗争的心态，而是以一种怜悯来看待你，想办法帮你，让你打的时候是消除你的愤怒之心，事实上他根本没有给你着力点，所以“天将救之，以慈卫之”。“天将救之”，就是冥冥之中都会有力量护佑，“以慈卫之”，因为处在道里，所以所有一切都是同体大悲一体化的。

总而言之，本章还是在阐述自性和妄心的关系。关键在于我们的本体，也就是自性，也就是道，具有一种觉性。这个觉性是有乐的，这是一种“受”(相对来讲)，大悲大乐，是一体化的。我们为什么烦恼，就是因为离开了本体。世人的乐，都是一种分辨的乐，在痛苦之后得到一点快乐，短暂而有限，非常局限。本体之乐，无有分别，无有相待，无极无限，所以称之为“大”。这是很不一样的。

第六十八章

老子说

善为士者，不武；
善战者，不怒；
善胜敌者，不与；善用人者，为之下。是谓不争之德，是谓用人之力，是谓配天，古之极也。

如来说

自性
如来藏

本章描述道的品德，无为而无所不为。道之德性的展现，一定是无为法，是不用人心的；而又无所不为，所以具体到任何一种方式，或形态，或身份，或工作，都是在道中，正如本章前四句所描述的："善为士者，不武；善战者，不怒；善胜敌者，不与；善用人者，为之下。"这就是老子的生活禅。所以不要以为打架就没有道，以善恶、好坏此类世间法去分辨，根本无法理解道。

善为士者，不武；善战者，不怒；善胜敌者，不与；善用人者，为之下。

"善"，代指道的品德，这是本经中描述道之德性时，常用的字。"善为士者""善战者""善胜敌者""善用人者"，都是指有道之人，只不过身份各有不同；"不武""不怒""不与""为之下"，是他们道之德性的展现。

“善为士者，不武”，虽然外表是一个武士，他的行为也是在习武，但因为依止于道，所以内心没有“武”的状态，根本没有与人争斗的心；而一般凡夫，不论表面如何，内心却是“武”的状态，时时刻刻想与人竞争。在《庄子·养生主》中，讲到庖丁解牛的故事：庖丁是一个为国君杀牛的屠工，但是他说：“臣之所好者，道也。”他喜欢的是道，也就是说这实际上是一个修行人，是一位道者。当他拿着刀解牛的时候，“以神遇而不以目视”，就是根本不用意念，不用眼、耳、鼻、舌这种后天人为意识，而是用神——先天觉性，“不见前牛”，根本不看那头牛，根本不去分析骨头在哪、往哪里砍。如此解牛时的动作和声音就像古代祭祀的《桑林》乐舞一样美；而解牛之后，刀就像刚磨好的一样，没有因为坚硬的牛骨而有任何损折，达到这样一种境界，把国君都看傻眼，这就是“善士者不武”。太极拳也是同样的道理，真正的高手，内心根本没有动武的状态，而是处在道中；一旦处在道中，意味着他与对方是一体的，对方心一动，他肯定知道，待对方付诸于行动的时候，他早已等候多时了；对方一过来，引其落空，与之合体，根本没得打。高手根本没有打的心，全部是对方自己打自己，就倒下了，对方都不知道自己怎么倒的，道者他也不知道，心根本不动，一切全是自动化。就好像庖丁解牛，牛已经被全部解体了，而庖丁自己像没事一样，刀就像刚磨好的一样。这就是道的境界，道家叫作“无为而无所不为”，并不是说什么都不做就是无为，真正做到无为了，没有什么办不成的，所以说“立天子，置三公，不如坐进此道”。

道的这种境界，并不局限于身份或行业，所以也可以展现为“善战者，不怒”。因为“怒”是在遭受打击的时候，心中发狠、抵抗，是有欲望才产生这种心态；而道者无欲，所以即使两军交战时，心中依旧如如不动。“善胜敌者，不与”：“与”，是描述一种互相的、有对立的状态；“不与”，道者根本没有对立，大敌当前也没有与之交战的心，敌我是合体的，对方怎么可能战胜得了呢？就好像金庸的《书剑恩仇录》里写到：陈家洛看了《庖丁解牛》之后，一下领悟了无为之道，听着他十四弟的笛声，跟着音乐的拍子，就和庖丁解牛时仿佛在跳桑林舞曲一样，空手就把张召重的剑夺了下来，而之前他的功夫根本不如张召重，这就是用无为法，无招胜有招。“善用人者，为之下”，“为之下”，就是表示处在道中。前面的章节也多次提到，对于有为法来说，凡夫都追求处上，“人往高处走”；而道者是处下的，不踞高位，因为他是无为，安住在道中，与所有人、所有生命一体化，这才是真正的善用人者。

是谓不争之德，是谓用人之力，是谓配天，古之极也。

这就是道的品德，叫作“不争”；叫作“用人之力”，即众生都是自己折腾自己，换句话说，道根本是无为的；也叫作“配天之极”，什么是天之极？道才是天之极。什么能与天之极相配？道的德性。换成佛家的语言，即自性的体性功能。

这就是老子的见地，是一种境界。他留下这部《道德经》，实际上章章都在描述自性，描述一种无为的状态、一种自然的状态，我们借用释迦牟尼佛出世间的胜义谛视角，才得以窥见其真义也。

第六十九章

老子说

用兵有言：
“吾不敢为主，而为客；
不敢进寸，而退尺。”
是谓行无行，攘无臂，执无兵，
乃无敌。
祸莫大于轻敌，轻敌几丧吾宝。
故抗兵相加，哀者胜矣。

如来说

自性
菩提心
无我相
无人相
无众生相
无寿者相

自第六十七章开始，接下来这几章都在阐述同样的问题：“慈”，也就是大乘佛法所提出的菩提心。本章的阐述继续细化，用兵法来比喻这种菩提心展开到极限，乃至在世俗眼光看来是敌对状态时，其所表现出的内心以及行为的境界。

用兵有言：“吾不敢为主，而为客；不敢进寸，而退尺。”
是谓行无行，攘无臂，执无兵，乃无敌。

兵家比武，两方相对，但其中一方若是道者，他安住在道中，与对方同气相合，融为一体，决不会视其为敌人，不会有主动的、想要胜利的欲望，只是等着对方过来，“己不动，人先动”，为客不为主，即“吾不敢为主，而为客；不敢进寸，而退尺”。如此进入一种无极的状态，空无的状态，无我的状态，与人同气合一的状态，心住道中，也就是佛说的依止在自性、回到本来的状态。此时哪有什么敌人可言呢？更不要说用任何招数、路数，或者揣测用哪套功夫，根本不用。这就是“行无行，攘无臂，执无兵”，无招之招，心中没有任何敌人——“乃无敌”。他是空的，以虚应实，合而为一。

祸莫大于轻敌，轻敌几丧吾宝。

但是空无并不是轻敌。并不是像根木头一样站在那让你打，很多人理解无为法就是什么都不干，这就错解了其真义。什么都不干，木头一样杵在那，这要么是傻瓜要么是轻敌，人家一拳过来就倒了。道者不会轻敌，他都知道，但是他只是听着，处在一种觉知而不动人心的状态，这时对方一动杀机，他就感受到，接着对方怎么出招，在道的状态里他自动会反应。

而且因为与对方同为一体，道者都是很慈悲地，很顺其自然地把对手引劲落空，放在一边，也不会伤害对方。所以根本没得打，反倒变成自己打自己，自己打得越猛摔得就越惨，所以如果是一个心很狠的人，那自己就玩完了。

故抗兵相加，哀者胜矣。

“哀”，就是慈、菩提心的一种有形化的展现，这种菩提心，是同体合一没有对立的，完全超越对立状态的境界。所以在对立的状态中，即“抗兵相加”时，肯定是“哀者胜”，无极胜有极，完全超越对立的状态，没有极限。世间法都是有极，有对立，有你我他，有很多相，每个人在世间都扮演着不同的角色。一个人他可能在公司是老板，回家当老爸，去看父母时当儿子，这些都是相，每天每一个人都在扮演各种各样的相。所以你不要执着相，这些相是随缘不停变化出来的，是无常的，而要知道你自己的本来，那个是真常不变的。所以世间各种烦恼、纷争，问题就出在执着。一个人在公司是老板，回家也当老板，把老婆孩子当员工来管，这种就是着相着得太厉害。

我们修行，依照老子的生活禅，在日常生活、工作中，时刻要无相，要能空掉它，而且要一体，以一种慈悲的心待人接物。如果只知道执着在自己的我相、我见上，视对方为对立的话，是看不清楚真相、无法理解别人的。佛教人们“无我相、人相、众生相、寿者相”，也是这个道理。只要不着相，一体化之时会生起智慧，会知道别人想什么，善解人意，而且会有感应，同气相连，慢慢你的心还会感化对方，千万不要认为对方化不了，一定可以感化，除非你的功力还不够，慈悲心还不够大。若能真正能够放开你的心，空掉、无为、合一，渐渐这样修去，气场越来越大，就可以转化他人，因为他们的场没有你大，只要你修行。所以自己首先要修身，然后才能齐家，齐家就是一家人的心要齐，怎么才能齐呢？首先自己的心要够宽广，广到没有自我，才能与人齐。齐家之后才可以稳定，才能做事情才能平天下。否则大后方是乱的，心根本定不下来，如何去做事呢？做不了的。所以要做事首先要修心、修身，把自己的正气、自己的慈悲、自己的道气炼出来，这个阶段的关键是“莫若啬”——严守戒律，要不然精气神都漏完了，还炼什么呢？

第七十章

老子说

吾言甚易知，甚易行。
天下莫能知，莫能行。
言有宗，事有君。
夫唯无知，是以不我知。
知我者希，则我者贵。
是以圣人被褐而怀玉。

如来说

自性
慈悲心
本来面目
行住坐卧不离这个

本章老子描述道的本体，也就是自性。

吾言甚易知，甚易行。

我所说的，是很容易知道的，而且也很容易做到。

天下莫能知，莫能行。

但世人就是不知道，而且也做不到。

言有宗，事有君。

我所说的，以及我所做的，都有一个宗主，有一个根本。

夫唯无知，是以不我知。

但因为世人不知道那个根本，所以不理解我说的那个知到底是什么知，而只会以后天的见闻觉知、以妄心来理解我所说的。而我所说的是本知，是先天的觉，是自性，故欲以言语、眼、耳、鼻、舌等后天意识想去揣测，是不可能的。

知我者希，则我者贵。

“知我者”，即知道本知的人，换句话说，明心见性的人，“希”，是非常少的；“则我者”，能够以此去行为、能在生活中运用的人，换句话说，修行人，“贵”，是非常高贵的。

是以圣人被褐而怀玉。

“被褐”，穿着朴素、平常；“怀玉”，怀里抱着宝贝。这是比喻道者外表看上去是很平常的，和普通人一样，但是内心处在道、处在自性的状态，玉，就是自性。

本章老子再次重申了自性与妄心的区别。道者是不动妄心的，一切行为处在自性中，“行住坐卧不离这个”。本章的“知”，是本知，常人用一种妄心、用世间的知识，想去了解这个本知是不可能的。因为这个本知是本来就有的，不需要你去做作、去苦思冥想，本来就在那里，很容易知道也很容易行，你越做作、越苦思冥想离它反而越远。但人们往往偏要去学，要去分析，甚至模拟，然后还很认真，这样反而搞复杂了，结果根本无法知也无法行。问题就在于用了妄心，方向搞错了。一认真、一有态度，就是在用后天意识了，有表态“我要认真”“我要怎么怎么”，那已经是欲望，是一种妄心的展现，而自性是很自然、很朴实，是本来的，根本不需要“有个目标然后努力追求然后获得成功”这种有为的过程。它是本来就有，就在那里，每个人都会，易知易行，只要你放下所有的妄心、所有的做作，甚至所有的努力。这就比如有很多有功夫的人，练到一定时候神通出来了，有特异功能，然后人们闻风而来，天天送红包，结果这样时间一长，他连神通都出不来了。这是为什么？就是因为太有为，心中又有欲望了。所以很多高手帮人家算还蛮准，为自己打卦经常打不准，因为为自己算的时候心中已经有欲望、有期待，揣测会怎么样，妄心已经启动。很多明医治不了自己的家人、明师教不了自己的儿子也是同样的道理。所以，“放下”两个字，不容易，必须要修行，要慢慢一点点练出来。

现在很多人不理解放下，也做不到放下，因为老师、家长从小教我们要努力获得成功，令人们的欲望越来越强。道家不是这样，它是自然的、无为的，随遇而安的，就这么简单。庄子说就像走路一样，顺着高坡就往上爬，下坡就往下走，根本不用学的，一切是天然的行为，所以禅宗叫“本来面目”。但这就是最上乘的法，九乘之巅，密宗叫“大圆满法”，任任无为。

《道德经》全经八十一章，在讲到德篇第七十章的时候，老子回过头来强调心性本体，这里有很深的用意。因为修行越往后走，阶段越来越高的时候，你的道气越来越充足，能量越来越大，这时内心出一点点偏差都会产生很大的问题。因为这股能量是随心而动，你的妄心一动，功夫越高，作用越大，那后果不得了，所谓“道高一尺，魔高一丈”；然而你一入道，马上就又恢复了。这种变化是非常快的，因果立现，不会等到什么下一世的，因为你的心的力量、本体的功能太大，已经不是普通凡夫的心量，所以修行越到后面的阶段，关键是修心。未达到后面阶段、功夫还不够的人，体内真火还未能发动的时候，能量比较小，还不会有走火入魔的问题，练来练去还是那样。一旦真火生起，你的心如果妄动，那后果不堪设想，这就相当于身上装了原子弹，这一爆发出去，简直不得了。所以一偏就入魔，一正则入道，这也是为什么居士有居士戒、罗汉有罗汉戒、菩萨有菩萨戒。一般我们不杀、不盗、不淫就是守戒，这主要是行为上；到了菩萨地，完全是心戒，超车都是犯戒，而且是杀戒，是犯根本戒，一犯就堕地狱的。所以功夫越高越可怕，戒律就越要清净，因为你一个念头，那个气场就过去了，会伤害很多众生，人家没修行受不了啊！你自己的气也动，气也乱窜，而且比你没功夫的时候乱动得更加厉害，自己的身体就好像焚烧一样很难受。这就是一念分别，害人害己，但是一念慈悲，就立刻清凉化解。所以《西游记》里孙悟空一搞不定就请观音，观音就是代表慈悲心，降魔降不了的时候你就要发慈悲心，有魔心，有怨恨，有贪、嗔、痴、慢、疑五毒的时候，立刻发慈悲心，这就是老子三宝的第一宝，“慈”，就有如此重要。

所以老子进入德篇，花很多篇幅展现道的功能，但从第六十七章提出“慈”，本章又强调心性本体，绝非偶然。

第七十一章

老子说

知不知，尚矣；
不知知，病也。
夫唯病病，
是以不病。
圣人不病，
以其病病。

如来说

明心见性
无眼耳鼻舌身意
不生不灭
不垢不净
不增不减

上一章“吾言甚易知”的“知”，描述的是本知。本章提出的“知”与“不知”：“知”，代表后天的见闻觉知；“不知”，代表先天的本知。

知不知，尚矣；

从后天的知，返还到先天的本知，换成佛家的语言，即从“知”——眼、耳、鼻、舌、身、意，返还至“不知”——无眼、耳、鼻、舌、身、意的状态，这是“上”，是最高贵的。

不知知，病也。

相反地，我们从婴儿时期处于先天的“不知”状态，渐渐落入并局限在眼、耳、鼻、舌、身、意这种后天意识的“知”的状态，然后学会很多社会的习俗，学会很多分别的、比量的思维和事物，而且我执越来越强，内心已经没有现量，失去了先天的、好像明镜照显万物的境界，这种就叫“病”。

这两句描述了出世间与世间的两种方向：一个是逆走、返还，回到本知；一个是顺走、执着，六识逐外境流溢。实际上还是在反复阐述同一个问题：自性与妄心的关系，也就是佛陀在各种经典上反复阐述的问题——明心见性。

夫唯病病，是以不病。圣人不病，以其病病。

一个道者是安住本来的，叫作“圣人不病”。为什么圣人能够不病呢？因为他摒除六识，他明白这些见闻觉知，如梦幻泡影，根本是空无的，本体是空性。

“病病”，第一个“病”，动词，表示不起作用；第二个“病”，代指世间凡夫六识逐境奔流的状态。“夫唯病病”，只有不启用后天六识，也就是无眼、耳、鼻、舌、身、意，不进入六识的状态，“是以不病”，才能够回到本来。

释迦牟尼在《楞严经》中以六识之眼识来向阿难举例说明。他说世间人眼睛的所见，就好像是一个眼睛生了怪病的人，莫名看见虚空中有一朵花，实际上根本是虚幻的影子，一旦病好了，才明白根本没有空中花这回事。得眼病的人，就是比喻我们这些在轮回中的众生凡夫；虚空花，就是比喻众生所在的三界六道，也就是说我们肉眼所知所见的一切，都是无明的幻境，只要不随境奔流，回归本来光明的觉性，就明白世间万相不过是梦幻一般虚无而没有实义的。在西方，爱因斯坦亦曾断言："所谓物质、世界、时间和空间，只不过是人类的视觉幻觉。"所以世间人以眼、耳、鼻、舌、身、意这种凡夫见地，自己还以为很聪明，实际上是生病了自己都不知道。圣人他知道眼、耳、鼻、舌、身、意是病，他就不去搞这些有为的、后天的东西，所以就能不病，就能守住本来。

老子在本章，已经把修行的关键，点得很清楚、很透。回过头来我们看释迦牟尼的法教，他本人的修行、证悟的过程，其实也是一样。当时释迦牟尼在菩提树下，"睹明星而悟道"：当他看到明星的时候，他知道天上有颗星，这是一个知；但同时还有另一个知，知道自己看到那个星。那么这第二个知——知道自己看到了明星的知，是什么呢？再来看看第一个知，知道明星的知，如果明星不见了，这个知还在吗？面前根本没东西，你还能看见吗？无所谓看不看见了，根本没东西。但是你知道自己见或不见的那个第二个知，是不变的。所以释迦牟尼忽然领悟到，第一个知，也就是所谓的看见，是对境而生的，而且有对境是因为有个"我"，二者相对、境与"我"并立共存才有所知所见，一旦没有对境，就没有"我"，也就没有所知所见，根本是不存在的。但是明白能见与所见的那个本知，是从来不变的，也不需要依赖于任何对境的，而且是一切众生皆具，个个现成的。所以对境而生就有，无境而对就灭的第一个知，也就是我们眼、耳、鼻、舌、身、意的见闻觉知，是病，是无常，是生灭，是幻有，是令我们生死轮回的始作俑者，因为我们把这个虚妄当成真实，只知道执着外境，而忽略了常存不变的本知。就是如此，佛陀一下开悟了："奇哉！奇哉！奇哉！大地众生，无不具有如来智慧德相，但因妄想执着，而不证得。"

众生就是因为迷于各种各样的相，想去追求而陷入执着，然后为了能去追求、能够获得，而造出一个“我”。当“我”对境的时候又生出各种相，一下变成儿子，一下变成老爸，一下变成丈夫，一下变成领导，随即又产生很多想法、思维、见地，这些见地都是妄见，都是随境变去的，是有生灭的，是妄心，都不是本来。所以世间人追求所谓“永恒的爱”，实际上那是一种私爱，是“老鼠爱大米”的“爱”，而不是光明觉性也就是我们的本来所闪烁出的慈。我们的本来，也就是本知，是从来没有生灭过，也没有死亡的，是不生不灭、不垢不净、不增不减的，它叫作道、叫作本来、叫作如来、叫作菩提、叫作佛、叫作自性，甚至在禅宗叫它干狗屎，因为它离于一切名相，根本不相干，那么随便叫什么都可以。我们只有放下对外物的执着，放下启用六识的妄心，才能亲见。

第七十二章

老子说

民不畏威，则大威至。
无狭其所居，无厌其所生。
夫唯不厌，是以不厌。是以圣人
自知不自见，自爱不自贵。
故去彼取此。

如来说

因果
自性
攀缘心

民不畏威，则大威至。

“民”，指凡夫。凡夫在世间，从世俗谛的角度来看，首先有一个肉体，有我相；接着，伴随“我”这个肉身，就有各种事务缠身，就有执着、贪欲，于是追逐声色名利以求满足欲望，这就早已忘记本来了，为了满足私欲，那是什么都敢干，这就是“民不畏威”。那么一旦离开本来，随着妄心去追逐，所有做的事情均是造业，佛家说“万般带不走，唯有业随身”，这就是因果，造作了“民不畏威”的因，必然得“则大威至”的果，“大威”，就是果报，你跑不掉的。

无狭其所居，无厌其所生。

上一句描述凡夫的状态，接下来描述道者的状态。“无狭其所居”，“狭”，是指内心有一种贪爱，“其所居”，指的是肉体，众生把身体当作自己的房子。“无狭其所居”，就是说圣人安住于道，根本不动妄心，所以不追逐欲望，不执着、贪爱肉体，不会去搞什么养生。“无厌其所生”，同时也不会讨厌这个身体、厌恶这个生命，比如心里很负面消极的，故意伤害自己的身体等。“狭其所居”“厌其所生”的行为和心理都属于欲望和情绪，都是妄心，非圣人之道。

夫唯不厌，是以不厌。

正是因为没有欲望，所以也不会去离弃、放弃这个生命，只是守住本知，随缘而动。

是以圣人自知不自见，自爱不自贵。

“自知”“自爱”，指本知、自性；“自见”“自贵”，指后天妄知、自我意识。也就是说，圣人只处在本知中，根本不动后天意识。

故去彼取此。

“彼”，妄知；“此”，本知。所以圣人是去掉后天妄知，回到先天本知，如如不动。所以佛的名号又叫“如来”“善逝”，其实就是根本没有来去，这正是本知的状态。

本章老子所阐述的依旧是自性和攀缘心，或者说，真心和妄心的关系。你只要动妄心，一执着、一动欲望，肯定落因果。那么有为的因，一定结有为的果；而修行是以无为的因，结无为的果。

第七十三章

老子说

勇于敢则杀，勇于不敢则活。

此两者，或利或害。

天之所恶，孰知其故？

是以圣人犹难之。

天之道，

不争而善胜，不言而善应，不召而自来，繟然而善谋。天网恢恢，疏而不失。

如来说

因果报应

丝毫不爽

跳出三界

不入轮回

勇于敢则杀，勇于不敢则活。

本章延续上一章的内容，“勇于敢”，就是“民不畏威”；“则杀”，就是“大威至”，这是进一步在阐述因果律。因果，昭然而应，丝毫不爽。当你的心一动，只要一着相，就是在造业，身、口、意一旦落端，肯定有果。“勇于不敢”，内心如如不动，守住本来，“则活”。

此两者，或利或害。

此两者，“勇于敢”和“勇于不敢”，即攀缘造业和守住本来；“或利或害”，哪个有利哪个有害？实际上是一个反问句了。意思是这二者谁有利谁有害自己去掂量吧，要往哪个方向去走自己权衡吧。

天之所恶，孰知其故？是以圣人犹难之。

“天”，在这里是一个代称，代指道，自性。道，是随缘而应，不会去分别、计划什么的。“天之所恶，孰知其故？”就好比上帝，虽然创造出了这个世界，但是下一步要做什么他自己也不知道，因为当处在自性的、本知的状态的时候，根本不会有分别，是无为的，不可能预先有个什么策划，只是随遇而安。若是有预谋、有策划，那已经不是道的境界了，不是本知了，所以根本不分辨下一步是什么，“孰知其故”呢？圣人也难知啊，因为圣人就是道者，他也是无为的，不会去分辨的。

天之道，不争而善胜，不言而善应，不召而自来，绅然而善谋。天网恢恢，疏而不失。

“天之道”——自性的状态，是什么样的呢？无为而无所不为，就是“不争而善胜，不言而善应，不召而自来，绅然而善谋”，自然随缘而应化，而且“天网恢恢，疏而不失”，心一动就是因，立马相应的果就存在，因一旦种下去，果就等着你，善业得善果，恶业得恶果，逃不掉的。所以若想要跳出因果轮回，想要消除这些业力习气，只有进入定境，进入无为的状态、本来的状态，一定灭万业。否则的话没有可能，心一动，果就等着了，“敢则杀”，一定落入六道，如果是善业就升天，恶业就堕落。那么老子明确地主张，要处在本来的状态而不落六道，要跳出三界、不入轮回，这是老子真正的见地。

第七十四章

老子说

民不畏死，奈何以死惧之？
若使民常畏死，而为奇者，
吾得执而杀之，孰敢？
常有司杀者杀。夫代司杀者杀，
是谓代大匠斫。夫代大匠斫者，
希有不伤其手矣。

如来说

因果报应
丝毫不爽

本章老子以比喻的方式继续对因果进行了阐述。

民不畏死，奈何以死惧之？若使民常畏死，而为奇者，吾得执而杀之，孰敢？

人们都不怕死了，再以死来威吓他们还有什么用呢？假若使人们都怕死，那么有人不守规矩，抓住他杀头，谁还敢再犯？

常有司杀者杀。夫代司杀者杀，是谓代大匠斫。夫代大匠斫者，希有不伤其手矣。

把不守规矩的人抓起来杀头这件事，是有专人来负责的。如果某个妄想要替天行道的人，自恃正义而随意插手，这叫作“代大匠斫”，这样的人，不可能不伤到自己的手。

老子在这里要表达的意思是：因果报应，丝毫不爽，是“天网恢恢，疏而不失”的。这个疏而不失的过程，就是“常有司杀者杀”，是自动反应的，不管你害不害怕因果，它是自动照常运行的。也正是因为因果是自动反应，所以我们用人心去揣测、去判断，看这个不顺眼那个不满意，管这管那，都是徒劳一场，没用的。自己还以为自己很正义，好像替天行道，实际上你的心已经动了，已经在用妄心去分辨了，自己早已落因果了，这就是没有真正了解“司杀者杀”的道理，没有真正懂得无为，还是在有为，还在用善恶、正邪去分辨。所以人活在世间，与世界相处的时候，不要看不惯这样看不惯那样，一切自有因果。当然，有时候我们自己有任何的体会可以互相交流，但是不能人为地去“替天行道”，根本轮不到你去替天行道。当生起要替天行道的念头的时候，就是想要“代司杀者杀”了，那就已经落因果了。你能端得起那把刀吗？只要你去拿那把刀，没有谁不砍伤自己的手的。所以不要用有为去搞有为，那是去坚固轮回；我们应该放下、无为，首先自己要能跳得出来；然后以慈悲的心与人沟通，慢慢教化、感化，帮助他人渐渐也能从轮回中解脱。而不能以杀心，以人为干扰的、强行的方式，那只会让自己遭业果，而且心中还烦恼，胸中的气也开始躁，因为你看不惯，总认为人家这样那样不好。所以关键是要放下，要学会无为而治。

第七十五章

老子说

民之饥，
以其上食税之多，是以饥。
民之难治，
以其上之有为，是以难治。
民之轻死，
以其上求生之厚，是以轻死。
夫唯无以生为者，是贤于贵生。

如来说

妄心
自性
明心见性
守住本来
如如不动

本章，老子用君王与臣民来比喻心与身的关系，告诉我们这个生命到底是怎么样的，怎么样才能回到生命的本来，怎么样才能够明心见性。

民之饥，以其上食税之多，是以饥。

我们的身体就像一个国家，里面有很多众生，我们的五脏六腑乃至每一个细胞都是一个众生，也就是“民”。“上”，就是我们的自我意识，“上”与“民”是相对的，二者是管理者与被管理者的关系。当自我意识在操纵身体的时候，就好比一个君主在管理国家。因为人们往往会把自我意识作为“我”，西方哲学家笛卡尔说“我思故我在”，就是在阐述世间人把自我意识认为是“我”的这种普遍观念，而且认为这个“我”是肉体甚至是整个生命的主宰。然而在老子或者佛陀看来，这个“我”根本是虚妄的，叫作妄心，它每天东想西想，耗尽身体的能量，指使这个身体每天忙忙碌碌做很多的事情，目的都是为了供养为了满足我们头脑里的这个妄心，所以人的一生其大脑所消耗的能量之大，是超越我们想象的。道家的九宫布局讲究“戴九履一，左三右七”，戴就是指头部，是乾卦，乾为首，占了九分，也是身体阳气最足的部分，身体脏器中主血之心脏与主气之肺脏，均有专门的血管通道与大脑直接相连，西方医学上对于死亡的判定是脑死亡才算死亡，可见头脑的重要。也正因为头脑如君王一般重要，所以不断地需要巨大的能量来供奉它，当脑部耗能太多，就好像君王对子民索要的赋税太重一样，我们的身体就容易出问题，这就是“民之饥，以其上食税之多，是以饥”。特别是肠胃，肠胃是坤卦，是与乾卦相对的最重要的部位，所以这个部位的子民是最敏感的、最明显的、最先出问题的，一天到晚动脑的人，其肠胃90%有毛病，“思多伤脾”，不停地上税，搞得肠胃这些老百姓饥饿不堪。

民之难治，以其上之有为，是以难治。

身体总是有病而且很难治是什么原因呢？因为我们的大脑、那个妄心想得太多了，这个去弄、那样也去玩，太有为，结果搞得这个身体根本都受不了，没办法控制也没办法调整，精气神全部流失掉了，不能内守，所以《黄帝内经》说：“恬淡虚无，真气从之，精神内守，病安从来？”也就是说如果精神内守，人体根本都不会生病。反过来讲，我们生病的原因是我们太有为，精神外散得太厉害。特别是现代社会，人心不古，物欲横流，各种广告、声色刺激我们的欲望，然后每天想这想那，自我意识变得越来越膨胀，不停地折腾，根本都不知道安分守己，也不知道满足，永远不会满足。这就是“民之难治，以其上之有为，是以难治”。

民之轻死，以其上求生之厚，是以轻死。

什么是“其上求生之厚”？就是这个自我意识贪图五欲享受，贪图财色名食睡，导致贪、嗔、痴不断。这个自我意识的一个重要特征，就是会不断地自我膨胀，这种膨胀表现为贪得无厌地想要控制、占有，从而生出无尽的欲望；这时如果碰到违缘，比如碰到不认同自己、控制不了的人或事，或者欲望得不到满足，或者在占有的过程中受到阻碍等，就生起嗔心，进而想方设法、无所不用其极地排除障碍，哪怕以伤害他人生命为代价。自古以来，国家与国家之间、宗教与宗教之间、家庭与家庭之间，乃至一个家庭里的人与人之间，都是因为如此，而导致了争斗。这种自我意识的膨胀，就是“求生之厚”，然后为了自己的欲望、自己的主张，分别心很强，很执着，什么都敢干，根本不拿身体当一回事，叫作“轻死”，包括世间人所追求的“英雄主义”，也属于此类，这正是老子批判的对象。那么老子说应该如何做呢？

夫唯无以生为者，是贤于贵生。

“无以生为”，不把生命当成一种工具而努力去作为什么，不要怀着“趁我活着要好好努力作为一番”或者“使劲享受一番”的想法，也就是说，学会处在一种无为的状态、没有自我意识的状态、超越生死的状态，是一种根本无我，也无生死的境界。“夫唯无以生为者”，只有不执着“我”、不执着生死之念而去有为的人，不把生命当成满足欲望的工具而消耗它的人，“是贤于贵生”，才是真正尊重生命的人，才是真正把生命视为高贵的人。“贤”，就是超过所有、超越一切，而“贵生”，把生命视为最珍贵，所以根本不去消耗它。这就是一种无为的状态、无我的状态、天人合一的状态，处在道的境界，也就是佛所说的明心见性，不动妄心，安住自性的境界。由此亦可见，老子是从不同的角度以比喻的手法，章章明心见性、直指人心，所以《道德经》也可以说是一部禅宗的经典，一部非常生动的生活禅，其真义绝非后天意识层面的谋略论可解，唯有如来可知。

第七十六章

老子说

人之生也柔弱，
其死也坚强；
草木之生也柔脆，
其死也枯槁。
故坚强者死之徒，柔弱者生之徒。
是以兵强则灭，木强则折。强大处下，柔弱处上。

如来说

自性光明
妄想无明
两种根本：
无始生死根本
无始菩提涅槃

人之生也柔弱，其死也坚强；

人体生命力旺盛的特征是柔和，生命力衰竭、趋向死亡的特征是刚硬。人的一生最柔软的时候是婴儿时期，也是生命力最强的时候，老子主张“专气致柔，能如婴儿乎”，就是这个道理。身体一旦生病了，比如中医按摩推拿时，按下去身上哪里硬就是哪里出了问题；老了以后，整个身体会变硬，骨质变脆。

草木之生也柔脆，其死也枯槁。

除了人以外的万物草木也是如此，有生命力的东西都是很柔韧的，而死掉的、没有生气的都是腐朽枯槁的，干掉了。

故坚强者死之徒，柔弱者生之徒。

“徒”，特征。所以，坚强，就是死的特征；柔弱，就是生的特征。

老子提出“人之生也柔弱，其死也坚强”，是告诉我们要学会返还到柔和的状态，而不要追求刚强。特别是现代社会，关于健康的理念完全是西化的，主张健身、运动，以为强健就是生命力的象征。但是强健如李小龙，全身肌肉如钢，结果英年早逝；阿里拳王，刚当上拳王就罹患帕金森病，最后连话也说不出来。像这样把先天柔和之气全部耗尽于肌肉，导致全身渐渐干硬，表面非常刚强，其实其生命力已几近枯竭了。所以我们要知道，柔和才是生命的特征。

那么柔和到什么程度？天下最柔的又是什么？是道。老子曾用另一种说法来比喻，就是“上善若水”：世间一切有形物质——金木水火土，其中之至柔就是水，“几近于道”，与道最为接近了。但还不是道，因为水毕竟是有形的，若论至柔，无形肯定超越有形。所以修行，就是返还到至柔的状态，叫作“致虚极”，虚到极致，到达无的境界，进入一种空而明的状态。世人就是颠倒了，因为不明白“柔弱胜刚强”，不明白“有生于无”的道理，不知道无形生出了有形的世界，不知道无形指挥着有形的世界，所以不懂得守住无形的生命本来，而总是追求有形的物质，结果耗散掉自己的生命，落入死局；若是知道守住生命的本来，守住无形的能量，知道返还于至柔，那就是道家所说的“长生不老”。

是以兵强则灭，木强则折。

老子继续比喻：一把兵器，比如一把剑，很硬的钢材所铸成的剑是很容易折断的，太脆了，叫作“不胜”。真正好的钢材是柔韧度高的钢，这样铸成的兵器才是利器。木材也是同样的道理。这是告诉我们：身心要柔和，换一种说法，就是前面章节提到的“慈”。慈从何而来？合于道而来。一旦合道，心自然就慈。如何合道呢？把一切归一，消除所有的分别，将所有一切与自己视为一体。如此证入同体之后所产生的慈悲，就是柔和的；这种柔，是真正强大的。

强大处下，柔弱处上。

所以世间观念里以刚硬为特征的强大，实际上是不堪一击的，是很低级的，叫作“处下”；而柔弱才是真正的强大，才是真正的高贵，叫作“处上”。

本章的内容，归纳起来，还是佛陀所说的自性与妄心。其中，自性是柔和的，因为它是自然的，是放下的，是一种自在；而妄心，也就是后天的自我意识，是刚强的，因为它是一种欲望，想要通过努力、通过强行来达到、获得些什么，而且在这个过程中一定会产生贪、嗔、痴。那么在道家来讲，无为是柔和的，有为是刚强的。无为是不用力的、是本来的，而有为是很用力的、人为做作的。不论哪一家的说法，总之我们要注意体会这两种不同的心境：当你很想努力要做什么的时候，这是一种使然的状态，那肯定是有为，肯定是用后天意识，是妄心，是会耗散掉生命的能量的；当你根本不动妄想，是一种自然的状态，没有要去努力，整个人空掉的时候，那么有可能是回到了本来、回到了自性中，慢慢会出现道的光明，会出现出世间的智慧，能够在光明中洞见。世间人心往往落在有为上，这就是佛说的“无明”，自性的、道的光明被有为的妄心所障覆，光明出不来，落入黑暗，只会去学习、去算计、谋划，这是知见，不是洞见，洞见是不用思考而了然于心。

老子重复地在每一章，从世间万物的各个角度取用不同的比喻，来告诉我们妄心与自性二者的关系，此二者也就是佛陀在《楞严经》中所说的“两种根本”：一者，“无始生死根本”；二者，“无始菩提涅槃，元清净体”。如此反复阐述的目的，是为了让我们能够明心见性，这也正是佛说三藏十二部经典的目的。在道理上明白这两种根本之后，还要在生活中体会自己的心，体会什么时候是有为妄心，什么时候是无为清净，只有这样真正地实际修持下去，修行才能够上路，才不会退转；否则，搞不清这两种根本，不去体会，不论多少时间、多么用功，只不过是在红尘轮回里打转。特别是现在末法时代，声色纷繁，我们已经太习惯有为的方式了，深深地落入执着之中，若不明了此理，即如佛在《楞严经》中所说：“不知两种根本，错乱修习，犹如煮沙，欲成嘉馔，纵经尘劫，终不能得。”

第七十七章

老子说

天之道，其犹张弓与？
高者抑之，下者举之。
有余者损之，不足者补之。
天之道，
损有余而补不足；人之道则不然，损不足以奉有余。孰能有余以奉天下？唯有道者。
(是以圣人为而不恃，功成而不处，其不欲见贤。)

如来说

苦集灭道
自性
妄心

世间万物都是处在一种不平衡的状态，产生一种动能，这种动，是往着平衡的方向在运动，动到平衡了自然就不动了。老子说“上善若水”，水动就是因为不平衡，往平衡的方向去流动，到达平坦的低地以后就不动了，保持在一种相对静止的状态。道的特征就像水一样。而人心的动是反过来的，是去追求不平衡的，永远在两端滚来滚去，这就是佛说的“苦集灭道”。当年释迦牟尼佛证道之后，首转法轮，就是传苦集灭道之法，所谓小乘佛法，这是一切佛法的基础。二转法轮，传般若之法，所谓大乘佛法，讲的是空性，实际上就是把“灭”这个法进一步透彻。佛告诉我们，众生为什么痛苦？因为

“集”。集是什么？就是制造不平衡。通过各种手段囤积各种各样的东西：他可以抢，把别人的国家的领土抢过来，把别人的财产夺过来，等等，由此聚集一大堆东西。这就是人类在干的事。集这种心理和行为的始作俑者是谁呢？就是妄心，是贪、嗔、痴，它导致的唯一结果就是“苦”，因为这种不平衡的行为实际上是逆天而行，逆道而行，在集的过程中一定产生斗争，斗争肯定痛苦，肯定失去了道，无法与道同在。所以集是因，苦是果，这是一对因果。苦，佛说有八种：生、老、病、死、怨憎会、爱别离、求不得、五阴炽盛。若想远离痛苦，就必须回到道，若想回到道，必须要“灭”。灭，就是禅宗说的“放下”，老子说的“损之又损”，这是道的因，道是灭的果。

苦集灭道这样一个道理，老子通过故事来比喻给我们听，以弯弓来打比方：

天之道，其犹张弓与？高者抑之，下者举之。有余者损之，不足者补之。

道，就像用弓一样。想要往上，必须先往下拉；想要往下，先往上拉。有多余的，给它减少一点，有不够的，给它补充一点，这就是在比喻道的一种平衡的状态。

天之道，损有余而补不足；人之道则不然，损不足以奉有余。

道，是平衡的，而人则是反的，总是追求越多越好，总是落入一种不平衡，也就是“集”。

孰能有余以奉天下？唯有道者。

（是以圣人为而不恃，功成而不处，其不欲见贤。）

谁能够将有余奉献于天下呢？也就是说谁能够不集而做到放下呢？当然只有道者。凡夫肯定只会集，只会受自我意识的操纵，妄想不断，要追求各种各样的东西，要为了自己而去囤积、去斗争，在六道轮回之苦中深陷，因为他放不下。一旦放下，就是道者，“损之又损，几近于道”。道者，他没有集的心，他是平衡地处在空灵的状态，在般若的状态，灭的状态。他的心是不生波澜的，安住于道中。世人见到道者的一切行为与常人无异，但实际上，道者永远是无心而为，根本不动妄心，无所求，叫作“为而不恃”。所以并不是说“我的心不动我也什么都不做了”，那是断见，是一种错误的见地。真正的道者，行住坐卧一切自然，但是摒除妄心，于第一义而不动。即便是在世间做了一些世人认为是非常有成就的大事，他也毫不在乎，心里根本没这回事，已经超越了这些世俗的分别知见，“功成而不处，其不欲见贤”，心里从来就没有想要去追求什么成功，或者自己认为要成为一个怎么样的贤人，从来没有这样的欲望，一切无为而治。就像天一样，春夏秋冬不断地运转，但是天从不认为自己在主宰春夏秋冬。这就是无为而无所不为，一切是无心而为，自然而为。

第七十八章

老子说	如来说
天下莫柔弱于水，	自性
而攻坚强者莫之能胜，	般若
以其无以易之。	空性
弱之胜强，柔之胜刚，	大圆镜智
天下莫不知，莫能行。	性觉必明
是以圣人云：	随众生心
“受国之垢，是谓社稷主；	应所知量
受国不祥，是为天下王。”	
正言若反。	

本章老子再次以水来喻道。

天下莫柔弱于水，而攻坚强者莫之能胜，以其无以易之。

弱之胜强，柔之胜刚，天下莫不知，莫能行。

道，或者说自性的特性之一，就是空性，这是一种般若的性能；还有一个特征，是明性，有一种光明，而且能如明镜一般照显万物，佛陀称为“大圆镜智”。老子在第二十一章说“道之为物，惟恍惟惚。惚兮恍兮，其中有象；恍兮惚兮，其中有物。窈兮冥兮，其中有精；其精甚真，其中有信”，就是描述道的空性和明性。在本章，老子用水的柔来比喻空性，即佛陀说的空性见。还有什么能比空更柔，更能纳受一切的呢？还有什么能比空更加难以攻克呢？用刀去砍空，砍得到吗？想去损坏它，损得了吗？这就是道的空性，佛陀的般若法把空性讲得很透彻。

此外，道还具有明性，所以佛陀说完“空”以后，又说“有”，说自性本性是空但又可以生万物，生出有形的东西。这个道理对于一般普通人来说太难理解，说空性人们搞不清楚，有和空的关系好像也很复杂，所以老子为了使大家听懂这个道理，就用有相的水来比喻。水这个东西的确也很妙，它确实与道的特性很相似。首先，它既可以有形也可以无形。我们所在的任意一个空间里都有很多水，只不过大家不知道，当它凝结的时候可以结冰，这时候它是很有形的东西，而且可以非常坚硬；当它化成液体的时候，以柔克刚，滴水穿石；当它受热蒸发的时候，又变成一种虚无的状态，体现出一种无相的空性。其次，水是无处不在又随遇而安的，能够“和光同尘”，这也是道的特征，在《楞严经》中的说法就是“随众生心，应所知量”，碰到圆的东西它就圆，碰到方的东西它就方，而且还不断往平衡的方向动，符合道的轨迹。再者，当水静止的时候，还具有明性，还能如明镜一样照见万物，分毫不差。所以老子选用水来比喻是很到位、很生动的，是老子对道的深切体会。

是以圣人云：“受国之垢，是谓社稷主；受国不祥，是为天下王。”

所以古圣先贤也是这样说：大海之所以为百川之王，因为其纳受了江河的所有污垢；作为一个国家的君主，也必定要有能力处理国家的各种不祥和灾难。所以真正的圣人，所有的众生都可以和他诉苦，把垃圾全部往他那里丢，他肯定都接受。一般人肯定就不行，骂他两句他就和你斗气了，更何况“受国之垢”呢？他做不到的。再惹他两下恨不得和你打起来了，他受不了，所以成为不了天下王。

正言若反。

“正”，就是指自性，那是一种正等正觉，一种空而明的状态。而凡夫都是追求有，堕在无明中，然后想要控制，别人是方的你是圆的，就和人家斗，很固执，与水的特性、与道的方向是相悖的，所以说“正言若反”。

关于道的空性，这里特别解释一下，不是空间的空，不是我们眼前看见的这个虚空，这个虚空只不过是一种相，所以佛陀怕你执着，他就说“空不异色，色不异空”，然后还不行，又说“空即是色，色即是空”，干脆就说是一个东西，把空和色合一了，就是要破我们对这些相的执着。空相、色相，都是相，都是“所”，是相对于“能”来说的，有所才有能，有能才有所，这是一种对待，并不究竟。能、所都必须要消除，“能所双亡”，才能回到那个本来的本知，把那个本知当成空或者当成有，都是着相了。它根本不是什么东西，所以肯定不是水，只是水的性能和它比较相像。所以释迦牟尼佛在二转法轮的时候，讲般若、讲空性，但是三转法轮的时候，他就开始讲妙有，真空妙有。然后之前说缘起性空，后来《楞严经》里又说非因缘、非自然性，那才是楞严大定。这就是传法的次第，是一步步来讲的。

所以修行首先要把理搞清楚，理不明怎么修呢？总是在有为，离道反而越来越远。把理搞清楚了以后，明理即是法，才能如法修行。否则有个法给你，但是道理都没搞明白，这种理不通的法肯定是有为法。然而自古以来，无论哪一家哪一派，真正的圣贤，都是无为法，“一切圣贤皆以无为法而有差别”，有为法能修出无为的果吗？不可能的。

第七十九章

老子说

和大怨，
必有余怨，
安可以为善？
是以圣人执左契，而不责于人。
有德司契，无德司彻。
天道无亲，常与善人。

如来说

见诸相非相
即见如来
菩萨不住相布施
其福德不可思量

和大怨，必有余怨，安可以为善？

如果两方的心里互相对对方有非常大的怨气，想要和好是很难的，表面和好了心中一定还有余怨，怎么可能真正做到和善呢？这是告诉我们：做任何事要无心而为，无相而为，心中有事或者着相是不可能做好的。按佛陀的说法叫作："见诸相非相，即见如来。"要安住在自性的空明中，不要着相，不要动妄心。

是以圣人执左契，而不责于人。

在古代，两方签订合同分成左右两份，放贷者保留左份合同，在这里比喻行善布施的人、帮助别人的人，借贷者保存右份合同，也就是接受布施、受到帮助的人。“圣人执左契，而不责于人”，就相当于佛陀在《金刚经》中所说的“菩萨不住相布施”：菩萨布施给众生，帮助了他人，但是自己心里从来没有当回事，心根本不动，从来不追求回报，叫作“不责于人”。如果有相布施，即在布施的时候还心存自己有所作为甚至抱着有所求的目的，那早已没有任何福德可言，那是动了欲望，落入轮回业果中了。

有德司契，无德司彻。

所以真正有德的人，他做了善事以后一定不求回报，甚至根本不去记；无德的人，他一旦做了善事，心里就记住了，然后觉得自己帮了人家一回，日后要加倍奉还，这就是“彻”，赋税的意思，一定要上缴的。

天道无亲，常与善人。

道，对众生是不讲亲疏贵贱的，它只看你是否是“善人”，如果是善人，天道就与你常在。那么什么是“善人”呢？就是有福报的人。什么又是福报呢？佛陀说：“菩萨不住相布施，其福德不可思量。”也就是说，行善而根本不求回报，心是空掉的，才有功德、有福报可言，也就是老子说的“为无为，事无事”，这就是道者的见地和境界。

第八十章

老子说

小国寡民。

使有什伯之器而不用，

使民重死而不远徙。

虽有舟舆，无所乘之；虽有甲兵，无所陈之。使人复结绳而用之。甘其食，美其服，安其居，乐其俗。邻国相望，鸡犬之声相闻，民至老死，不相往来。

如来说

放下屠刀

立地成佛

当年老子骑青牛出关，离开周朝，往别的地方去了。离开的原因，是因为夏商周已经是家天下的制度，王位只传给自己的儿子，整个社会私心很重，而且互相打仗、扩张，想要把其他民族都灭了，然后统一在自己的控制范围之下；同时在生活中只讲礼乐不讲道，声色犬马，工具发达。这些都是破坏大自然的，破坏我们生命的根本的，令人们无法安住于天人合一的状态，大道已经废了。所以老子就说，不要搞这些逆天而为的事情了，要“小国寡民”——是怎么样就怎么样，国家有多大就多大，不要去追求大国，不要去统一、不要去控制、不要去占有、不要去扩张。在老子的内心，他向往上古黄帝禅让制的时代，那是谁修行好就推举谁来带领、指导大家生活的时代，整个社会朴素自然，国与民都处在道的状态。那么老子把这种天人合一的国家的模型描述出来，告诉人们怎么样是适合人类生存的，怎么样是能使人们进入道、能回到生命的本来的。

小国寡民。

“小”“寡”，形容一种安住、无为、不攀缘的状态。也就是说，整个国家和人民都是很自然、平常，没什么妄心。

使有什伯之器而不用，

什伯之器，各种各样精巧的工具，但是根本都不用。

使民重死而不远徙。

人们都很尊重自己的生命，不会乱跑，不会往外攀缘而耗散自己的生命。

虽有舟舆，无所乘之；虽有甲兵，无所陈之。

有船、有车、有兵、有甲，根本都不用。

使人复结绳而用之。

人们记数是用绳子，就是最简单最自然的方式，根本不用动机巧心的方式。“复”，恢复，要恢复到以前那种自然状态。

甘其食，美其服，安其居，乐其俗。

“其”，自己的，“甘其食，美其服，安其居，乐其俗”，自己有什么吃的、穿的、住的、用的都已经觉得很好，不会去奢求，有什么吃什么，而且吃得都很香，随遇而安，知足常乐，无为而无所不为，与大自然、与一切都很和谐。这就是胜义谛的法，所以禅宗说开悟了还是吃饭睡觉，和以前一样。我们总是高推圣境，以为吃饭睡觉就不是胜义谛，那是着相，真正的法是心法，与行为外相不相干。

邻国相望，鸡犬之声相闻，民至老死，不相往来。

没有攀缘心、机巧心，“邻国相望，鸡犬之声相闻”，形容一切很自然，“民至老死，不相往来”，形容不向外攀缘，安住于道，安住于自性。

有精巧之器而不用，这一点很重要。因为想要用这些工具来达到更快、更好、更牛的这种心理，都是一种机巧之心，是攀缘心，现代社会的现状已经证明，其所带来的危害越来越严重。现代社会的特点就是工具极端发达，整个世界物化，人心被物质牵着跑，机巧心越来越重。当人处在这样的心态时，已经失去了天道，人心已经变得很危险，完全是一种控制和占有，甚至大肆地改造自然，这就是妄想替天行道，想要自己做老天爷，其实都是自己害自己，最终能给我们的子孙后代留下什么呢？把我们子子孙孙的福已经差不多用完了！只剩下一堆垃圾。我们现在接触到的都是越来越多的垃圾，食物、用水等都很不安全，大自然本身很有序的东西已经不见了。本来天然成长的植物、动物是很有序的，它们会吸收天地之精华，承接天地之气，全身是有一股气的，所以很好吃，而且营养也足。现代人吃的蔬菜、牛羊等食材已经没有这股气，因为都是饲料、农药催长，破坏了自然的秩序，所以吃起来都没味道，根本不可能“甘其食”，更不要说营养，没有毒药残留就不错了。然后也没有“美其服”，怎么穿都觉得不够美，审美跟着“潮流”总是不断地变，从来不知足。更加安不了居，房子一定要越住越大；风俗也变，换着花样玩，洋节土节一起过；而且尽可能地使用“舟车”，喜欢享受名车、跑车、游轮、飞机……如此这般，把整个人生完全地依赖在工具上，而且扩张为所谓“地球村”，根本没有“小国寡民”。这就是人心过于有为所产生的结果，人心已经往外走得太远，但是还不知足，还要去火星上、去月球上住人，永无止境地扩张。这样子下去，我们的心什么时候才能回到本来呢？什么时候才能与道相合呢？本来我们只要一放下，一安住于自性，就已经回到家了，可是世人偏偏不干，偏要往外去追求机巧，然后想控制、占有，这种方向对老子来说、对佛陀来说都是错误的。

所以老子想要描述的，就是要放下这种往外的机巧心，放下只会控制和占有的自我膨胀，以佛陀的话来说，就是“放下屠刀”。当你的心往外走的时候，就相当于拿着一把刀在砍，是一种人心的膨胀。给老百姓带来什么？带来灾难、带来瘟疫。现在也是一样，我们的土地为什么污染那么重？人心的欲望。

天天想让那个作物长得快、多赚钱，搞农药、搞化肥，结果土地板结变硬，大地这种“纳”的功能已经没有了，然后天上落下来的水得不到净化，大地已经无法过滤和洗涤，这样的水汽一旦上升，空气质量就差，雾霾就出现。于是得了一堆纸钱，然后每天吸雾霾。水的质量也差，相应地现在很多人的血液也出问题；空气恶劣，雾蒙蒙的，所以人们一天到晚总觉得头昏昏的，出现所谓亚健康的很多不适。因为这整个世界是天人合一的，不懂得天道反去妄为，那结果肯定很惨，而且这不是你我个人的问题，这是一个整体的问题，不要以为你自己能独善其身，一个也跑不了。这是我们的心急功近利、过于有为所导致的结果，按照佛家的讲法，一切环境灾害都是人们心灵的共业所生。那么想要解决这些问题必须从心灵入手，每一个人的心灵必须转变这种拿着屠刀往外砍的方向。所以我们要学习老子的思想，要放下，要回来，要回到道，回到自然，不动人心，回到一种生命本来、天人合一的状态，并且要向大众普及。要明白“立天子”“置三公”“拱璧驷马”，都没有什么了不起，都不如“坐进此道”，叫作“放下屠刀，立地成佛”。

第八十一章

老子说

信言不美，美言不信。
善者不辩，辩者不善。
知者不博，博者不知。
圣人不积，
既以为人，己愈有；既以与人，己愈多。天之道，利而不害；圣人之道，为而不争。

如来说

若人言：
“如来有所说法”
即为谤佛
不能解我所说故

信言不美，美言不信。善者不辩，辩者不善。知者不博，博者不知。

《道德经》最后一章，开篇提出“信言不美，美言不信”，就相当于释迦牟尼佛说：我说法四十九年，实际上是没说，谁说我说了，就是谤佛。(《金刚经》卷一：“须菩提！汝勿谓如来作是念：‘我当有所说法。’莫作是念，何以故？若人言：‘如来有所说法。’即为谤佛，不能解我所说故。须菩提！说法者，无法可说，是名说法。”)实际上老子在第一章也已经明确直指：“可名，非常名。”名，就是言语，并非是道，但一定要说给大家听，于是强作五千言。所以老子与释迦牟尼两位圣人是同样的手法，只是转换了表达的方式，异曲同工。如果批判某一章，或者拿着某一章某一句来辩论，那就是“辩者不善”，老子的意思就是说，我虽然留了这五千言，但是不要抓着这些文字而生执着，去辩论、分析，你一辩就已经失去道了。所以根本不要找我辩了，我也不会和你辩，反正我说完了，然后我说我什么也没说，你自己看着办吧，搞不定是你自己的问题。同时也不要觉得自己知识很渊博，然后举很多例子来证明，事实上当你这样做的时候就表示你根本不知道道在哪里，所以才搞这种旁征博引、博学多才的东西，叫作“博者不知”。所以没办法批判老子（众笑），也不要拿机巧心来揣摩《道德经》，否则你就落入这三者，那都不是道。这就是老子的收官之法。

再从自性的角度来讲，信、善、知，这三者是描述道的三个特征，也就是自性的三个特征。反过来，美言、辩者、博者，就失去了道，也就是说一旦启用后天的意识，就已经离开了自性，已经无法与自性相融，所以不信、不善、不知。

圣人不积，既以为人，己愈有；既以与人，己愈多。

“圣人”，是“执左契”，只给予他人而不为自我囤积，佛家叫布施，也就是“不积”，这就是“苦集灭道”的“灭”法；灭之后，就是道，所以“己愈有”“愈多”。“有”什么、“多”什么？有无形的能量，道气越来越充足，与道越来越相融，入道越深。世间的东西你若要圣人肯定布施给你，因为众生都是“积”，也就是佛说的“集”，积世间这些物质，看得很宝贝；但是圣人知道这些不过是用妄心积聚的一堆梦幻泡影，是相，所以你要他肯定给你，然后他自己放下这些虚妄越多，他入道越深。

天之道，利而不害；

所以天之道，“利”，利万物，“不害”，自己没有损害。所以这是两层意思：当一个圣人给予别人、布施别人的时候，自己不会受伤害。

圣人之道，为而不争。

圣人根本不“积”，怎么会去争呢？但是，不争不等于他没有行为，只不过任何行为对于圣人来说，都是“损之又损”，他从没有争的心理。这就是一个道者的风范。

参考书目

1.《杂阿含经》

2.《楞严经》

3.《楞伽经》

4.《坛经》

5.《心经》

6.《摩诃止观·卷五》

7.《大般若经》

8.《阿含经》

9.《涅槃经》

10.《五灯会元》

11.《金刚经》

12.《修行术语》

13.《华严经》

14.《圆觉经》

15.《大乘本生心地观经》

16.《成唯识论》

17.《太子成道经》

18.《解深密经》

图书在版编目（CIP）数据

老子禅解／谢国仲 著．—北京：东方出版社，2016.4
ISBN 978-7-5060-9017-9

Ⅰ.①老… Ⅱ.①谢… Ⅲ.①道家 ②《道德经》—研究 Ⅳ.①B223.15

中国版本图书馆 CIP 数据核字（2016）第 090857 号

老子禅解
(LAOZI CHANJIE)

作　　者：谢国仲
责任编辑：贺　方　王　萌
出　　版：东方出版社
发　　行：人民东方出版传媒有限公司
地　　址：北京市西城区北三环中路 6 号
邮政编码：100120
印　　刷：北京文昌阁彩色印刷有限责任公司
版　　次：2016 年 6 月第 1 版
印　　次：2022 年 4 月第 4 次印刷
开　　本：710 毫米×1000 毫米　1/16
印　　张：17.5
字　　数：120 千字
书　　号：ISBN 978-7-5060-9017-9
定　　价：39.00 元
发行电话：（010）85924663　85924644　85924641

图书在版编目(CIP)数据